ANTIKE UND GEGENWART

EUROPA · IKARUS · ORPHEUS

Abendländische Symbolfiguren
in Ovids Metamorphosen
Fächerverbindende Projekte

bearbeitet von
Friedrich Maier

C. C. BUCHNER

ANTIKE UND GEGENWART

Lateinische Texte
zur Erschließung europäischer Kultur

Herausgegeben von Prof. Dr. Friedrich Maier,
Humboldt-Universität zu Berlin

Abbildungsnachweis: Alinari, Florenz (1), Sabine Anselm (1), Archiv für Kunst und Geschichte, Berlin (4), Bibliothèque Nationale, Paris (1), Cinetext, Frankfurt a. M. (1), Deutsches Archäologisches Institut, Rom (1), H. M. Queen Elizabeth II. (1), Foto Vasari, Rom (1), Ernst Fuchs, Wien (1), Gerhard-Marcks-Stiftung, Bremen (1), Dr. Peter Grau, Pullach (1), Johannes Grützke, Berlin (1), Horst Haitzinger (4), Kunsthalle Bremen (1), Georg Lechner (1), Wolfgang Mattheuer, Leipzig (1), Museum Ludwig, Köln (1), Nationalgalerie, Berlin (1), Passavia Verlag, Passau (1), Saalburg-Museum, Bad Homburg v. d. H. (1), Brigitte Schneider (1), Karl Ludwig Schweisfurth, Herten (1), Staats- und Universitätsbibliothek Bremen (3), Curt Stenvert, Köln (1), K. Sturrmann (1), Tomicek, München (1), Wiener Kurier (1), Wiener Staatsoper (1), Verlagsarchiv.

Textnachweis: S. 55f.: Wolf Biermann, Lieder-Balladen-Gedichte-Prosa, München 1981 (dtv), S. 104f.; S. 71f.: Unterm Sternbild des Hercules – Antikes in der Lyrik der Gegenwart, hrsg. von B. Seidensticker und P. Habermehl, Frankfurt/M. 1996 (insel), S. 82; S. 72: Hilde Domin, Gesammelte Gedichte, Frankfurt/M. 1987 (S. Fischer), S. 287; S. 73: Odysseas Elytis, Neue Gedichte, übersetzt von Barbara Vierneise-Schlörb, Frankfurt/M. 1984 (Suhrkamp), S. 103-5; S. 74: Iannis Ritsos, Unter den Augen der Wächter, übersetzt von Armin Kerker, München/Wien 1989 (Carl Hanser), S. 9.

Dr. Peter Grau, Universität Eichstätt, sei für die Beschaffung einiger Bilder herzlich gedankt.

2. Aufl. 2 8 7 6 5 4 3 2 2011 10 09 08
Die letzte Zahl bedeutet das Jahr dieses Druckes.

Alle Drucke dieser Auflage sind, weil untereinander unverändert, nebeneinander benutzbar.

Dieses Werk folgt der reformierten Rechtschreibung und Zeichensetzung. Ausnahmen bilden Texte, bei denen künstlerische, philologische oder lizenzrechtliche Gründe einer Änderung entgegenstehen.

www.ccbuchner.de

Einbandmotiv: Collage von Friedrich Maier
Gesamtherstellung: creo Druck & Medienservice GmbH, Bamberg

ISBN 978-3-7661-5948-9

Vorwort

Von Ovids „Metamorphosen" ging und geht eine starke Faszination auf die Menschen aus, vielleicht die stärkste unter allen Literaturwerken der römischen Antike. Ein Kaleidoskop fantastischer Geschichten versetzt den Leser in eine andere, „letzte Welt", die freilich nicht bunt zusammengewürfelt erscheint, sondern durch ein lockeres Band assoziativer Verknüpfungen zusammengehalten, sich in steter Entwicklung begriffen präsentiert.
Die „Metamorphosen" sind Einzelgeschichten aus dem antiken Mythos, jede für sich mit einem festen Erzählkern, meist dramatisch gestaltet und aus sich heraus verständlich, aber alle zusammen eingespannt in den großen Bogen der Zeit, die vom Anfang der Welt bis zur Herrschaft des Augustus reicht, weshalb man das Werk zu Recht als eine Art von „Weltchronik" bezeichnet hat.
Viele dieser Kurzgeschichten, auch „Episoden" genannt, sind zu Weltruhm gelangt. Sie haben sich aus dem Verbund des Epos gelöst, sind zu eigenständigen Erzählungen geworden, das Interesse des Lesers stimulierend und zugleich zu kreativer Weiterarbeit anregend. Die „Metamorphosen" stiften immer Neues, nicht selten ganz anderes. Kein Werk der Antike hat als Ganzes und in seinen Teilen eine so starke Wirkung auf Literatur, Bildhauerkunst, Malerei und Musik ausgeübt wie Ovids Epos; aus der eigenwilligen Art seiner Gestaltung des Mythos kamen und kommen die Anstöße zur Rezeption. Es steht außer Zweifel, dass davon die Kultur Europas nachhaltig geprägt worden ist.

Einigen der mythischen Gestalten aus diesem Großwerk sind seit dem Mittelalter allmählich Zeichenkraft und Symbolgehalt zugewachsen, sodass durch sie existenzielle Grundsituationen des Menschen schlaglichtartig erhellt werden. An ihrer Spitze stehen „Europa", „Ikarus" und „Orpheus". Deren Episoden sollten im Unterricht unbedingt gelesen werden; sie gehören zur Notration im literarischen Vademecum des Lateinschülers. Selbst die kürzeste Form des Lehrgangs kann auf die Konfrontation mit diesen Symbolgestalten Europas nicht verzichten. Hier besteht ja die einmalige Chance, den Originaltext mit großartigen Dokumenten seiner Rezeption in Text, Bild und Ton zu verbinden und auf diese Weise eindrucksvoll die kulturstiftende Kraft der Antike den jungen Menschen bewusst zu machen.
„Europa" vor allem zuständig dafür, in Zeichnung und Karikatur die politische Dimension des europäischen Schicksals zu dokumentieren, „Ikarus" von Amerikanern zum „Fürsten der abendländischen Mythologie" gekürt und heute zu allererst Bildsignal für den technischen Fortschritt mit allen seinen Erfolgen und Risiken, „Orpheus" das Symbol für den Zauber der Musik und deren vergebliche Ambition, die Grenze zwischen Tod und Leben aufzuheben – alle drei nach dem Germanisten Wolfram Wuttke „archetypisch in die Seele Europas versenkte Erinnerungsbilder", die unserer Jugend präsent zu halten einen Bildungsauftrag ersten Ranges darstellt.

Prof. Dr. Friedrich Maier

Methodische Hinweise

1. Die drei hier zur Lektüre aufbereiteten Geschichten aus Ovids „Metamorphosen“ sind als **Unterrichtsprojekte** angelegt; sie sind mit Zusatzmaterialien ausgestattet, die über die Textlektüre hinaus zu einer vertiefenden Auseinandersetzung mit der jeweils erfassten Thematik Anlass geben. Vor allem soll die Vielzahl der Rezeptionsdokumente zu **fächerverbindender Arbeit** anregen: Der Lehrer kann dabei entweder selbst die Querverbindungen zu anderen Fachgebieten herstellen oder er versucht die Vertreter der Nachbardisziplinen zur Zusammenarbeit zu gewinnen. In erster Linie lassen sich Bezüge herstellen zum Geschichts-, Deutsch-, Griechisch-, Musik-, Religions- und Ethikunterricht sowie zum Unterricht in Kunsterziehung und in Politischer Bildung.
2. Die Kürze der für den Lektüreunterricht verbliebenen Zeit verlangt eine in hohem Maße effiziente Übersetzungsarbeit. Diese ist am besten gewährleistet durch eine **textbezogene Sprachwiederholung.** Ein **Wortschatz-Profil** (S. 75—83) und ein in Sachfelder aufgegliedertes **Syntax-Profil** (S. 83—87), die sich ausnahmslos am sprachlichen Material der drei Lektüre-Texte orientieren, ermöglichen eine gezielte und zeitökonomische Wiederholung und Vertiefung der Kenntnisse; diese kann sowohl vor als auch während der Textlektüre erfolgen. Solche Spracharbeit erhöht die Motivation der Schüler, da sie ihre Arbeit genau in diejenigen Grammatikerscheinungen und Wörter ihre Arbeit investieren, die in den Texten begegnen und deren Kenntnis ihnen die Übersetzung erleichtert. Durch dieses methodische Arrangement ist, wie die Erfahrung zeigt, eine **zügige Lektüre** gewährleistet.
3. Für die Bearbeitung der drei Ovid-Texte sowie von Prooemium und Epilog sind als zeitlicher Rahmen 26—32 Unterrichtsstunden veranschlagt; dabei sollte für die einzelnen Teile jeweils etwa folgender Zeitansatz gelten:

Text / Arbeit	Prooemium	„Europa“	„Ikarus“	„Orpheus“	Epilog
Übersetzung	½ Std.	5—6 Std.	6—7 Std.	9—10 Std.	1 Std.
Vertiefende Projektarbeit	½ Std. (Einführung in Werk und Autor)	1—2 Std.	2—3 Std.	1—2 Std.	—
Gesamtarbeit	1 Std.	6—8 Std.	8—10 Std.	10—12 Std.	1 Std.

4. Die Texte sollten in der angebotenen Reihenfolge behandelt werden; ihre Abfolge richtet sich nach der des Originals. Sie nehmen zu im Umfang und im Schwierigkeitsgrad. Die Rezeptionsdokumente erweitern sich von Bild und Karikatur („Europa“) über Bild, Text und (in Ansätzen) Musik („Ikarus“) zu Bild, Text und (mit Schwerpunkt) Musik („Orpheus“). Mit

der zunehmenden Attraktivität von Text und Zusatzmaterial steigern sich auch das Interesse und womöglich die eigenkreative Mitarbeit der Schüler.

5. Besonderer Wert wurde auf die Abstimmung des Kommentars mit dem Wortschatz der gängigen Übungsbücher gelegt, die für den L2-Unterricht konzipiert sind. In Einzelfällen werden auch Wörter angegeben, die dem Schüler in ihrer Sonderbedeutung bei Ovid nicht bekannt sind.
   Bei komplexen Konstruktionen und bei durch die Eigenart der Dichtersprache bedingten Schwierigkeiten der Satzanalyse werden Hilfen im Kommentar angeboten (Sigel Ⓚ).
   Ein Zeilenzähler erleichtert die Verbindung zum Kommentar, der dem jeweiligen Text „unter der Linie" zugeordnet ist. Daneben ist am rechten Rand auch die Verszählung nach dem Originalwerk angegeben.
   Eigennamen sind — soweit nötig — unmittelbar im Kommentar erklärt.
   Eine Einführung zu Ovids Leben und Werken, eine knappe Zeittafel, die die historischen Vorgänge und die literarischen Ereignisse etwa ab Mitte des 1. Jh. v. Chr. bis zum Tod des Autors verzeichnet, sowie Einführungen in Prosodie und Metrik, in Sprache und Stil Ovids sind dem Bändchen vorangestellt.

Luca Signorelli. Bildnis des Ovid, aus dem Freskenzyklus in der Cappella Nuova di S. Brizio im Dom von Orvieto. 1499—1505

I Einleitung

1. Das Leben Ovids

Was wir über das Leben des Dichters wissen, entstammt nahezu alles unmittelbar aus seinen Werken. *Publius Ovidius Naso* wurde am 20. März 43 v. Chr. in Sulmo, dem heutigen Sulmona, geboren. Das Städtchen liegt im Sabinerland, ca. 40 Meilen von Rom entfernt. Ovids Vater war ein angesehener Ritter, er gehörte also zum zweiten Stand der Oberschicht. Der Sohn konnte in begüterten Verhältnissen aufwachsen.

Ovid studierte — dem Willen des Vaters entsprechend — in Rom die Kunst der Rhetorik, mit dem Ziel, politische Karriere zu machen. Um sich auf die senatorische Laufbahn vorzubereiten, unternahm er sogar anstrengende Reisen in die Provinzen Kleinasien und Sizilien. Er wurde Triumvir und Dezemvir.

Doch die Politik sagte Ovid nicht zu; sehr bald gab er diese Laufbahn auf, um sich ganz derjenigen Kunst zu widmen, die ihm von Natur gegeben war: der Poesie. Dank des väterlichen Vermögens konnte er sich das leisten.

Sein Talent auf diesem Gebiete machte Ovid bald in Rom bekannt, vor allem in den Künstlerkreisen. Mit den Dichtern, die damals in Rom die literarische Gattung der „Elegie“ zur Blüte brachten, kam er schnell in Berührung, mit Tibull und Properz. Auch Vergil und Horaz, die nachmaligen Dichtergrößen der augusteischen Zeit, gehörten schon früh zu seinen Bekannten.

Mit allen Zeitgenossen konnte es Ovid in der Dichtkunst aufnehmen; seine Veröffentlichungen, bes. die Liebesdichtungen, sicherten ihm von Anfang an Erfolg und Ruhm zu. Bald war er in der römischen Welt ein gefeierter Mann. Er lebte ganz seinem Dasein als Dichter ergeben und in ständigem Kontakt mit den Kollegen und dem Publikum sorgenfrei in der Hauptstadt.

Doch sein Ruhm brachte ihm auf Dauer kein Glück; er geriet in Konflikt mit dem Kaiserhaus. Die laszive Tendenz seiner „Liebeslehre“, die er in der *Ars amatoria* darstellte, ließ ihn bei Augustus in Ungnade fallen, da dieser darin einen Affront gegen seine Sittengesetze erkannte; erschwerend kam noch der Umstand hinzu, dass Ovid Mitwisser an einem Sittenskandal geworden war, an dem die Enkelin des Kaisers, Julia, beteiligt war. Ovid wurde 8 n. Chr. aus Rom verbannt, nach Tomi (heute: Constanza) am Schwarzen Meer. Er durfte zwar seine Bürgerrechte und sein Vermögen behalten, er konnte auch weiterhin Dichterwerke veröffentlichen, z. B. die *Tristia* und die *Epistulae ex Ponto*, doch Rom, die Hauptstadt und das Zentrum des geistigen und künstlerischen Lebens, sah er nicht wieder. Alle Gesuche um Begnadigung stießen bei Augustus und seinem Nachfolger Tiberius auf Ablehnung. Ovid musste bis zu seinem Lebensende am Rande der damaligen Welt bleiben. Darüber war er zutiefst traurig, vor allem weil er den unmittelbaren Kontakt zu seinem Publikum verloren hatte. In seinen „Trauerliedern“ (*Tristia*) schreibt er z. B.:

> So fern an unbekannter Küste also werde ich sterben
> und allein schon durch den Ort ist mein Schicksal traurig.
> Nicht wird mein Körper im gewohnten Bette erschlaffen
> und keiner wird sein, der den Daliegenden beweint.

(Trist. III 3, 37–40)

Ovid starb wahrscheinlich im Jahre 17 n. Chr. in Tomi, seinem Verbannungsort.

2. Werke des Ovid

Ovids Werke lassen sich in drei Gruppen gliedern:

2.1 In den **Liebesdichtungen** nimmt Ovid die Themen und Motive der römischen Liebeselegie auf, einer Dichtungsgattung, die zu Beginn seines Schaffens in Rom auf dem Höhepunkt stand. Hier konnte Liebe als persönliche Erfahrung literarisch dargestellt werden; der Dichter spricht von sich als einem Menschen, von dem die Leidenschaft mit allen ihren Freuden und Leiden, ihren Torheiten und Widersprüchen Besitz ergriffen hat. Allerdings setzte Ovid an die Stelle subjektiven Ergriffenseins eine eher objektivierende Sicht des Phänomens Liebe, indem er sich davon ironisch distanzierte.
Zu diesen Liebesdichtungen zählen die *Amores*, Liebesgedichte in drei Büchern, die *Heroides*, Liebesbriefe berühmter Frauen an ihre Geliebten, und die *Ars amatoria*, die Liebeskunst, eine erotodidaktische Unterweisung in drei Büchern, womit Ovid seine poetische Meisterschaft machte.
2.2 Zu den **erzählenden Dichtungen** gehören die *Metamorphosen* und die *Fasti*. Die *Metamorphosen* gelten „wohl als das reifste erzählerische Werk der klassischen Antike" (Niklas Holzberg); sie stellen ein Großepos dar, in dem die Weltgeschichte von ihrem Anfang bis zur Zeit des Dichters, also bis zum Prinzipat des Augustus, in einer ununterbrochenen Folge als „kontinuierliches Lied" (*carmen perpetuum*) geführt wird. Mythos und Geschichte verbinden sich kunstvoll miteinander. Im umgreifenden Ganzen gewinnt jede einzelne der assoziativ aneinandergereihten Geschichten ihr eigenes Profil. Die etwa 250 Verwandlungsgeschichten, die in 15 Büchern abgehandelt werden, lassen in immer neuen Bildern Verwandlungen von Welt und Menschen in neue Formen und Gestalten erleben. Man hat die Metamorphosen wegen ihrer faszinierenden Einblicke in die Psychologie menschlichen Denkens und Handelns mit Recht ein „Weltgedicht" genannt. Viele ihrer Episoden sind — verselbständigt — aufgrund ihrer tiefen existenziellen Aussage und der Schönheit ihrer poetischen Gestaltung zu weltweiter Geltung gelangt.
Die *Fasti* sind zumeist sogenannte Ursprungssagen, „aitiologische" Dichtungen (von gr. *aitia*: Ursache, Ursprung). In den sechs Büchern dieses Werkes, die vollendet worden sind, liegt der Versuch vor, den römischen Kalender (*fasti*) zu erläutern und in Anbindung der Ereignisse an bestimmte römische Festtage die Geschichte Roms von den Uranfängen bis zur Befreiung der Stadt von den Galliern 387 v. Chr. (*dies ater!*) in ein chronologisches Grobraster zu bringen.
2.3 Die **Verbannungsdichtungen** umfassen die *Tristia* und die *Epistulae ex Ponto*; sie haben ihren Grund in Ovids Schmerz über seine Verbannung. Die Tristien sind „Trauerlieder", in denen der Dichter über seine Lage fiktiv vor der Öffentlichkeit Roms klagte. Er wollte damit in der Hauptstadt die Erinnerung an sich wachhalten und womöglich einen Stimmungsumschwung im Kaiserhaus zu seinen Gunsten bewirken. Auch in den *Epistulae ex Ponto*, die Ovid 13 n. Chr. veröffentlichte, richtete der Dichter sich mittelbar an das römische Publikum, um auf sein schlimmes Schicksal aufmerksam zu machen. Das Motiv des „alt gewordenen Verbannten" ist hier zum Leitthema geworden:

> Schon beginnen meine Schläfen, dem Schwanengefieder zu ähneln,
> und das Weiß des Alters färbt meine schwarzen Haare. (Epist. V 1f.)

3. Zeittafel

Datum	Historische Vorgänge	Literarische Ereignisse
63	Octavianus (der spätere Kaiser Augustus) geboren.	
58–51	Caesar erobert Gallien.	Caesar schreibt seine *Commentarii de bello Gallico.*
57		Titus Livius, Historiker, geboren.
ca. 55		Albius Tibullus, Elegiker, geboren.
49	Bürgerkrieg zwischen Caesar und Pompeius	
48	Entscheidungsschlacht bei Pharsalos	
ca. 47		Sextus Propertius, Elegiker, geboren.
45	Caesar verlangt und erhält übersteigerte Ehrungen.	
44	Caesar wird an den Iden des März ermordet.	
43	Krieg des Marcus Antonius gegen Caesars Mörder	**Publius Ovidius Naso geboren.**
42	Antonius siegt bei Philippi.	
40		Vergil prophezeit in der 4. Ekloge eine neue Friedensepoche.
40 ff.		Die Satiren des Horaz entstehen.
38–29		Die *Georgica* des Vergil entstehen.
32	Antonius trennt sich von Octavianus, dem Erben Caesars.	
31–30	Krieg zwischen Antonius und Octavianus: Seeschlacht bei Actium	
30–25		Tibull, Buch I der Elegien veröffentlicht. Properz, Buch I und II der Elegien veröffentlicht.
29–19		Die *Aeneis* des Vergil entsteht.
27	Octavianus erhält vom Senat den Ehrentitel „Augustus".	
27 ff.	Wiederherstellung der „Republik" durch Augustus	Livius' Werk *Ab urbe condita* entsteht.
25 ff.		Höhepunkt der augusteischen Klassik

23	*tribunicia potestas* auf Lebenszeit für Augustus	Oden (Buch I–III) des Horaz veröffentlicht.
20–19	Straßenbau in Italien, vom goldenen Meilenstein in Rom ausgehend.	Vergil gestorben, *Aeneis* veröffentlicht.
ab 20		Ovids *Amores* veröffentlicht.
18	Sittengesetzgebung des Augustus	Horaz' *Carmen saeculare* veröffentlicht.
13	Stiftung der *Ara pacis* durch Augustus	Horaz' viertes Odenbuch veröffentlicht.
1 n. Chr.		Ovids *Ars amatoria* veröffentlicht.
8 n. Chr.		**Ovids Verbannung nach Tomi am Schwarzen Meer**
nach 8 n. Chr.		Ovids Metamorphosen und *Fasti* veröffentlicht, ebenso *Tristia* und *Epistulae ex Ponto* (in jährlichen Publikationen).
14 n. Chr.	Augustus stirbt in Nola.	
um 17 n. Chr.		**Ovid gestorben.**

4. Zu Prosodie und Metrik

1 Während für deutsche Verse in der Regel ein akzentuierender Rhythmus bestimmend ist (Wechsel von betonten und unbetonten Silben), ist der Rhythmus lateinischer Verse bestimmt durch eine geregelte Abfolge langer und kurzer Silben **(quantitierender Rhythmus)**.

2 Es ist daher für das Lesen und Analysieren von Versen wichtig, die Grundregeln der **Prosodie** (Lehre von der richtigen Aussprache und Silbenquantität) zu kennen und anzuwenden.

2.1 **Quantitätsregeln:**

1. Eine Silbe ist **lang** (—):
   a) wenn ihr Vokal lang ist (Naturlänge);
   b) wenn auf einen kurzen Vokal zwei Konsonanten (oder mehr; auch x oder z; nicht qu) folgen (sog. Positionslänge).
2. Alle anderen Silben sind kurz (∪).
3. Sonderfall: Folgt Muta (b, p, d, t, g, c) + Liquida (l, r) auf kurzen Vokal, so kann die Silbe als lang oder als kurz gelten.

2.2 **Betonungsregel:**
In zweisilbigen Wörtern ist die vorletzte Silbe betont. In drei- und mehrsilbigen Wörtern ist die vorletzte Silbe betont, wenn sie lang ist (z. B. *mutā́tus*), andernfalls die drittletzte, z. B. *ánĭmus.*

2.3 **Hilfen:**

1. Lang sind alle Silben mit Diphthongen, z. B. *caūsa, āethera.*
2. Ein Vokal ist meist kurz, wenn ein weiterer Vokal folgt: z. B. das Adj. *Orphĕus.*
3. In drei- und mehrsilbigen Wörtern sind betonte vorletzte Silben lang (z. B. *mutā́tus*), unbetonte kurz (z. B. *ánĭmus*) — entsprechend 2.2.
4. Oft geht die Quantität einer Silbe aus der grammatischen Funktion der Form hervor, z. B. *-ā* und *-īs* beim Ablativ.

Im Wortschatz von Übungsbüchern, in Wörterbüchern, in Grammatiken und in Schülerkommentaren sind oft die langen Vokale gekennzeichnet (so auch im Sublinea-Kommentar der vorliegenden Ausgabe).

2.4 **Hiat,** d. h. das Zusammentreffen von Vokal (+m) am Wortende mit (h+) Vokal am Anfang des folgenden Wortes, wird im Allgemeinen gemieden, und zwar durch **Synaloephe** (Verschleifung der zwei Vokale) oder durch **Elision** (Unterdrückung des Auslautvokals), z. B. *primaqu(e) ab origine* (I 3); *Ciconumqu(e) (H)ymenaeus* (X 2). — Ist das zweite Wort *es(t),* so wird dessen *e* unterdrückt (**Aphaerese**), z. B. *dextra ignibus armata (e)st* (II 849). — Zwei im Wort benachbarte Vokale können als einer gesprochen werden, z. B. *deinde, anthe(h)ac* (Synizese).

3 Gegenstand der **Metrik** sind die Metren und Formen der Verse.

3.1 Das kleinste Element, das im Vers regelmäßig wiederkehrt, nennt man **Metrum** (gr. *metron* = lat. *metrum* = Maß, Verselement), oft auch „Versfuß". Die wichtigsten Metren bestehen aus folgenden Quantitätsverbindungen:
∪ – Iambus, – ∪ Trochäus – ∪∪ Daktylus, – – Spondeus

3.2 Die Versform des Epos ist der **daktylische Hexameter** (gr. *hex* = sechs). Er besteht aus zwei Metren, und zwar aus fünf vollständigen Daktylen und einem zweisilbigen Metrum, dessen erste Silbe lang, die zweite lang oder kurz ist (*anceps*: ⏓). In den vier ersten Metren können die beiden Kürzen durch eine Länge (also der Daktylus durch einen Spondeus) ersetzt werden. Im fünften Metrum ist dies sehr selten der Fall; man spricht dann von einem ‚*versus spondíacus*'.

3.3 Innerhalb eines Hexameters finden sich in der Regel Sinneinschnitte; sie liegen in der Regel in der Mitte eines Metrums. Ein solcher Sinneinschnitt heißt dann **„Zäsur"** (lat. *caesura* = Einschnitt — von *caedere*).
Die wichtigste Zäsur liegt in der Mitte des dritten Metrums, also nach dem ‚fünften halben Teil' (gr. *penthemimerés*).

3.4 **Schema des Hexameters**

– ⏖ | – ⏖ | – ‖ ⏖ | – ⏖ | – ∪∪ | – ⏓
1. 2. 3. 4. 5. 6.
Zäsur

3.5 Bei der **Analyse** von Versen gilt es zu zeigen, wie die durch das abstrakte Schema (3.4) gegebenen Möglichkeiten im konkreten Fall sprachlich realisiert werden. Der Leser hat darauf zu achten, wie die Längen und Kürzen der Wörter im Hexameter schemakonform verteilt sind.
Beispiel für Hexameter (Ovid, Metamorphosen X 2 ff.):

aethera digreditur Ciconumque Hymenaeus ad oras
– ∪∪ | – ∪∪ | – ‖ ∪∪ | – ∪ ∪ | – ∪∪ | – –
tendit et Orphea nequiquam voce vocatur.
– ∪ ∪ | – – | – ‖ – | – – | – ∪ ∪ | – ∪
Adfuit ille quidem, sed nec sollemnia verba
– ∪∪ | – ∪ ∪ | – ‖ – | – – | – ∪ ∪ | – ∪
nec laetos vultus nec felix attulit omen.
– – | – – | – ‖ – | – – | – ∪∪ | – ∪

3.6 Beim Lesen von Versen ist wichtigster Grundsatz, quantitätsgerecht, also mit Beachtung von Längen und Kürzen, zu lesen. Betont wurden die Wörter von den Römern wohl im Vers genauso wie in Prosa, also

téndit et Orphéa nequíquam vóce vocátur.

Dabei ist die Art der Betonung (etwa Erhöhung des Tons) nicht sicher geklärt. Die Gewohnheit, iktierend zu lesen (d. h. den Versiktus — im Hexameter die erste Silbe jedes Metrums — zu betonen: *téndit et Órpheá nequíquam vóce vocátur*) stammt aus dem Lateinunterricht deutscher Schulen um die Wende vom 16. zum 17. Jh. und hat sich bis heute in der Schule erhalten. Als Schüler sollte man sich zunächst praktisch durch Sprechübungen an den Rhythmus des Verses gewöhnen und ihn nach und nach auch theoretisch durchdringen.

5. Zu Sprache und Stil

Die lateinische Dichtersprache weist gegenüber der Prosa manche Besonderheiten auf, die sich wiederum nach Gattungen und Autoren differenzieren lassen. So finden sich in den Metamorphosen Erscheinungen, die teils für Ovid, teils für das Epos, teils für die Dichtersprache allgemein charakteristisch sind. Die häufigsten Eigentümlichkeiten — auf weitere ist im Kommentar hingewiesen — sind die folgenden:

1. **Bereich der Wörter (Wortwahl, Wortbildung):**

1.1 Wahl dichterischer Wörter: *lumen* (~*oculus* II 857); *nata* (~ *filia* II 858); *natus* (~ *filius,* VIII 211, 216); *tellus* (~ *terra* X 55), *undae* (~ *mare* II 871, VIII 185, 233)

1.2 Griechische Wörter und Namen: *aer* (VII 214); *aether* (VIII 219), *aura* (X 11); *Styx* (X 13), *Hymenaeus* (X 2); *Calymne* (VIII 232)

1.3 Simplex statt Kompositum: *pellere* (~ *depellere* II 838; ~ *compellere* X 16) *tendere* (~ *contendere* X 3, 34); *ponere* (~ *deponere* X 19); *flere* (~ *deflere* X 40)

2. **Bereich der Laute:**

2.1 Synkope *peric(u)la* (VIII 196)

2.2 Ausfall von *v* bzw. *h* zwischen Vokalen (und Kontraktion der Vokale): *muta(vi)stis* (I 3); *tempta(vi)sse* (X 25); *vaca(ve)runt* (X 43); *pre(h)endere* (X 58); *ni(h)il* (X 59)

3. **Bereich der Formen:**

3.1 Griechische Kasusendungen: *-os* im Nom. Mask. Sing.: *Minos* (VIII 187); *-a* im Akk. Sing.: *Sidonia* (II 840); *aera* (VIII 214); *aethera* (X 2), *Styga* (X 13); *-es* im Gen. Sing.: *Eurydices* (X 31); *-en* im Akk. Sing.: *Booten* (VIII 206), *Eurydicen* (X 48); *Helicen* (VIII 207); *Persephonen* (X 15); *-es* im Nom. Pl.: *Belides* (X 44)

3.2 Plural statt Singular („poetischer Plural"): *coepta* (I 2); *ora* (II 631, VIII 229); *inamoena regna* (X 15); *fata* (X 31); *silentia* (X 30)

3.3 *-ere* in der 3. Pers. Pl. Ind. Perf. Aktiv: *calcavere* (II 18); *maduere* (VIII 210); *tremuere* (VIII 211); *carpsere* (X 43); *fuere* (X 75)

4. **Bereich der Syntax:**

4.1 Bloßer Ablativ ohne Präposition bei Ortsangabe: *tergo considere* (II 869): „sich auf den Rücken setzen"; *medio limite* (VII 203): „auf mittlerer Bahn"; *corpus sepulcro condere*: den Leichnam im Grab bergen

4.2 Akkusativ der Beziehung (Akk. limitationis — aus dem Griechischen übernommen): *quicquid mortale creamur* (X 18); *omnia debemur vobis* (X 32)

Diese Eigentümlichkeiten der Sprache tragen dazu bei, den **gehobenen Stil der Dichtersprache** zu prägen: Eines seiner Kennzeichen ist die Wahl des **ungewöhnlichen Ausdrucks** statt des gewohnten, um den Leser zu überraschen und zu packen (z. B. I 2 f.: *Di, coeptis . . . aspirate meis*! Ihr Götter, begünstigt mein Beginnen!). Weiterhin fällt im dichterischen Stil die **freie Wort-**

stellung besonders auf: Durch Ausnützen der Tonstellen (Anfang und Ende des Verses), aber auch aus Gründen der Versgestaltung werden zusammengehörige Wörter (bes. Substantiv und Attribut) oft weit voneinander getrennt (Stilfigur des Hypérbaton = Überschreitung, Sperrung, s. u.), zuweilen auch über die Zeilengrenze hinweg.
Dies erfordert für das Verstehen und Übersetzen ein genaues Beachten von Ausgängen und Kongruenz in Kasus, Numerus und Genus (KNG), wodurch freilich auch das präzise Erarbeiten von Zusammenhängen gefördert wird. Schon am ersten Satz der Metamorphosen lässt sich dies klar vor Augen führen:

In nova fert animus mutatas dicere formas
corpora. ←

Schließlich gestaltet der Dichter seine Darstellung auch dadurch prägnant und wirkungsvoll, dass er **rhetorische Stilmittel** verwendet, z. B. VIII 187: *Omnia possideat, non possidet aera Minos.* Hier sind Iteratio, Chiasmus und Antithese (siehe unten) in einer eindrucksvollen Formulierung verbunden. Einige für Ovid wichtige Stilfiguren sind im Folgenden zusammengestellt:

Stilmittel

Alliteration:	Beginn benachbarter Wörter mit dem gleichen Laut, z. B. II 860 f.: *quamvis* **m***item* **m***etuit contingere primo*, **m**ox *adit*
Anapher:	Beginn aufeinanderfolgender Sätze oder Wortgruppen mit dem gleichen Wort, z. B. II 859 **quod** *tam formosus*, **quod** *proelia nulla minetur* oder II 863 **v***ix iam*, **v***ix cetera differt*
Antithese:	Gedanklicher Gegensatz zwischen Wörtern, Wortgruppen oder Sätzen, z. B. VIII 187: **omnia** *possideat, non possidet* **aera** Minos
Apostrophé:	Anrede an (eine) literarische Figur(en), z. B. X 44: *in tuo sedisti,* **Sisiphe**, *saxo*
Asyndeton:	Fehlen einer verbindenden Konjugation zwischen Wörtern und Sätzen, z. B. X 54: (*trames*) **arduus**, **obscurus**, *caligine* **densus** *opaca*
Chiasmus:	Überkreuzstellung einander entsprechender Gedanken oder Satzglieder (vgl. den gr. Buchstaben Chi: X), z. B. VIII 187: **omnia** *possideat* / non *possidet* **aera** Minos
Ellipse:	Fehlen eines (leicht ergänzbaren) Wortes, bes. *est / erat / fuit* z. B. X 8: *exitus auspicio gravior*
Enallagé:	Zuordnung eines Adjektivs nicht zu dem eigentlich gemeinten, sondern einem vom Sinn her nahestehenden Begriff,

z. B. X 19: *si positis* **falsi** *ambagibus* **oris** *vera loqui sinitis* (eigentlich: *falsis ambagibus oris*)

Hendiadyóin: Wiedergabe eines Gedankens (Begriffs) durch zwei einander ergänzende Ausdrücke,
z. B. X 75: *cura dolorque animi*

Hybérbaton: (Sperrung) Trennung syntaktisch zusammengehöriger Wörter (bes. Substantiv und Adjektivattribut) durch Zwischenstellung anderer,
z. B. I 1 f.: *in nova fert animus* **mutatas** *dicere* **formas** *corpora*

Iteratio: Wiederholung des gleichen Wortes in kurzem Abstand,
z. B. VIII 231 f.: „**Icare**", *dixit*, „**Icare**" *dixit*

Metapher: Verwendung eines Wortes in einem ihm ursprünglich nicht zukommenden, also übertragenen Sinn (bildlicher Ausdruck),
z. B. X 24: *crescentesque abstulit annos*

Metonymie: Bezeichnung des eigentlich gemeinten durch einen ihm nahestehenden Begriff,
z. B. X 74: *Cereris munus* (für *cibus*), VIII 205: *ignis* (für *sol*)

Parallelismus: Gleichmäßiger Bau von einander entsprechenden Wörtern,
z. B. VIII 193: *tum lino* ... *medias*
| ... |
et ceris alligat imas

Parenthese : Zwischenstellung eines selbständigen, konstruktionsfremden Satzes bzw. Ausdrucks,
z. B. I 2 f.: *Di, coeptis — nam vos mutastis et illas — aspirate meis!*

Personifikation: Behandlung einer Sache oder eines Gefühls als Person,
z. B. X 26: *vicit Amor*

Polysyndeton: Verbindung von Wörtern bzw. Sätzen durch mehrere ähnliche Konjunktionen wie *et ... et ... et ...; ... que ... et;* nec ... nec ...
z. B. II 850 f.: *induitur ...* **que** *mugit* **et** ... *obambulat*; X 4 f.: **nec** *solemnia verba* **nec** *laetos vultus* **nex** *felix ... omen*

Synekdoche: (pars pro toto) Engerer Begriff für einen weiteren,
z. B. X 41 *unda* Welle, Wasser

Vergleich: Veranschaulichung eines gemeinsamen Gehalts zweier Vorgänge, die durch „wie (-so)" in Beziehung gesetzt sind,
z. B. VI 213 f.: (*Daedalus*) *ante volat comitique timet* **velut ales**, ... *quae ... prolem produxit in aëra* (wie ein Vogel ...)

Frontispiz mit Ovid bei seinen Studien. London Peiny Masters. Ovid, Metamorphosen. ▶
Paris, Bibliothèque Nationale, MS Lat. 8016

PUBLII OVIDII NASONIS METAMORPHOSEOS LIBER PRIMUS
IN NOVA FERT animus mutatas dicere formas
Corpora. di coeptis nam uos mutastis & illas
Aspirate meis: primaq ab origine mundi
Ad mea perpetuum deducite tempora carmen.
Ante mare & terras: & quod tegit omnia cælum
Unus erat toto naturæ uultus in orbe:
Quem dixere chaos: rudis indigestaq moles.
Nec quicquam nisi pondus iners: congestaq eodem
Non bene iunctarum discordia semina rerum.
Nullus adhuc mundo præbebat lumina titan.
Nec noua crescendo reparabat cornua phoebe.
Nec circumfuso pendebat in aere tellus
Ponderibus librata suis: nec brachia longo
Margine terrarum porrexerat amphitrite.
Quaq erat & tellus: illic & pontus & aer.
Sic erat instabilis tellus: innabilis unda:
Lucis egens aer. nulli sua forma manebat:
Obstabatq aliis aliud: quia corpore in uno
Frigida pugnabant calidis: humentia siccis:
Mollia cum duris: sine pondere habentia pondus.
Hanc deus: & melior litem natura diremit
Nam cælo terras: & terris abscidit undas:
Et liquidum spisso: secreuit ab aere cælum:
Quæ postquam euoluit: cæcoq exemit aceruo:
Dissociata locis concordi pace ligauit.
Ignea conuexi uis & sine pondere cæli
2059
5174
BIBLIOTHECÆ REGIÆ

II. Ovid: Metamorphosen

IN NOVA Fert animus mu=
tatas dicere formas
Corpora: Dij cœptis (nam uos
mutastis & illas)
Aspirate meis, primaq; ab ori=
-gine mundi
Ad mea perpetuum deducite
tempora carmen.

Ovid. Metamorphosen-Ausgabe, Venedig 1531

Prooemium

(I 1—4)

In nova fert animus mutatas dicere formas
corpora. Di, coeptis — nam vos mutastis et illas —
aspirate meis primaque ab origine mundi
ad mea perpetuum deducite tempora carmen!

---

animus fert (erg. *mē*): (mein Herz bringt mich dahin) meine Absicht ist es — **dīcere** (bezeichnet hier das Dichten): singen, künden — **mūtātae formae** (lateinische Übersetzung des griechischen Begriffes *metamorphóseis* und zugleich der Titel des Werkes): Verwandlungen, Metamorphosen — **corpus** hier: Gestalt — **coeptum, -ī n.**: Beginnen, Vorhaben (poet. Pl.) **mūtā(vī)stis et** (~ *etiam*) **illās** (erg. *formās*): ihr (Götter) habt ja auch die Verwandlungen vollbracht

aspīrāre (*ad-spīr-āre; spīritus*) mit Dativ, hier: förderlich sein, begünstigen — **ad** ~ *usque ad* — **perpetuum carmen**: durchgehendes Lied (das Erzählung an Erzählung reiht)

Fragen zur Vertiefung

1. Welche Aussagen des Prooms lassen die Annahme zu, dass die Metamorphosen eine Art von „Weltchronik“ darstellen?
2. Die Metamorphosen bestehen aus über 250 Einzelgeschichten (Episoden). Welche Wörter im Text deuten darauf hin, dass der Dichter diese in einen inneren Zusammenhang bringen will?
3. Wie ließe es sich vielleicht erklären, warum aus dieser zusammenhängenden Abfolge der Episoden sich trotzdem einige Geschichten verselbständigen und in der Kulturentwicklung Europas eine herausragende Bedeutung bekommen konnten?

Max Beckmann. Der Raub der Europa. Leipzig 1933

Europa

Dagmar Nick: Europa erinnert

Wie saß ich doch
sicher
auf dem Stiernacken
meines Entführers,
Morgensand zwischen den Zehen,
als die Küste des Phönix,
meine Erbschaft, hinter mir
wegtauchte, wo jetzt, was kümmerts mich noch,
die Voluten an den Säulen von Baalbek
erzittern,
Proben für Leichenspiele —

Damals spielten wir
mit anderem
als mit Theaterdonner
und Dynamit,
und der Gott, der mich
zwischen die Hörner nahm,
schien mir noch ganz
geheuer.

Als was erscheint in Max Beckmanns Bild, als was in Dagmar Nicks Gedicht die Entführung Europas durch den Stier? Welcher der Eindrücke bestätigt sich vom lateinischen Text her?

Europa und der Stier

1. Der Ovid-Text

(II 836–875)

Giambologna. Merkur, 1564–80, Florenz, Museo nazionale del Bargello

Merkur, der Götterbote, hatte sich in Herse, die Tochter des Athenerkönigs Kekrops verliebt; ihre Schwester Aglaurus missgönnt ihr diese Liebesverbindung mit dem Gott und wollte sie verhindern. Aus Strafe wurde sie von Merkur in einen Stein verwandelt. Der Götterbote, angetan mit Flügelschuhen, schwingt sich daraufhin in den Äther empor, weil ihn sein Vater, Jupiter, zu sich zitiert hat.

Der Befehl des höchsten Gottes

Sevocat hunc genitor nec causam fassus amoris
„Fide minister“ ait „iussorum, nate, meorum,
pelle moram solitoque celer delabere cursu,
quaeque tuam matrem tellus a parte sinistra
suspicit (indigenae Sidonida nomine dicunt),
hanc pete, quodque procul montano gramine pasci
armentum regale vides, ad litora verte!“
Dixit, et expulsi iamdudum monte iuvenci
litora iussa petunt, ubi magni filia regis
ludere virginibus Tyriis comitata solebat.

---

sēvocāre: beiseiterufen — **genitor, -ōris m.** (*gignere*): Schöpfer, Vater — Ⓚ *causam amōris*: Gen. explicativus (der Grund, nämlich die Liebe) — **nātus, -ī m.**: Sohn

3 **mora, -ae f.**: Verzögerung, Aufschub, Pause — **solitus, -a, -um** (*solēre*): gewohnt — **dēlābī, delapsus sum**: hinabgleiten — Ⓚ *quaeque … tellus …, hanc:* Ordne: *hanc tellūrem, quae …* **tua māter**: der Stern deiner Mutter, nämlich Maja (ein Stern der Plejaden, die zum Sternzeichen des Stieres gehören) — **sinister, sinistra, sinistrum**: links (befindlich) — **suspicere**: aufschauen — **Sīdōnida** (*erg. tellūrem*): sidonisches Land, Sidonien (Heimat der Europa)

6 Ⓚ *quodque … pāscī armentum rēgāle vidēs, … verte*: Ordne: *Et armentum rēgāle, quod pāscī vidēs, verte* (verschränkt. Rel.-Satz) — **montānus, -a, -um** (*mōns*): Gebirgs-, auf Bergen befindlich — **grāmen, -inis n.**: Gras, Wiese — **armentum, -ī n.**: Herdenvieh, Vieh — **rēgālis, -e** (*rēx*): königlich, des Königs — **iamdūdum** (Adv.): längst; hier: sofort — **iuvencus, -ī m.**: Jungstier

9 **Tyrius, -a, -um**: tyrisch, von Tyrus (Seestadt in Phönikien, Regierungssitz des Königs) — Ⓚ <ā>*virginibus*: Dat. auct. — **comitātus, -a, -um** (*comes*): begleitet

Fragen zur Vertiefung

1. In welcher Pose zeigt sich am Anfang Jupiter? Worin drückt sich das aus? Versuchen Sie dafür Belege im Gebrauch der Wörter und Formen sowie in der metrischen Gestaltung zu finden.
2. Inwiefern ist dieses Verhalten des höchsten Gottes aber nur Fassade? Welcher Ausdruck lässt ahnen, dass das eigentliche Motiv verborgen bleibt?
3. In welche Spannung bringt der Dichter gleich zu Beginn die Geschichte von Zeus und Europa?

Die Annäherung

Non bene conveniunt nec in una sede morantur
maiestas et amor: sceptri gravitate relicta
ille pater rectorque deum, cui dextra trisulcis
ignibus armata est, cui nutu concutit orbem,
induitur faciem tauri mixtusque iuvencis
mugit et in teneris formosus obambulat herbis
quippe color nivis est, quam nec vestigia duri
calcavere pedis nec solvit aquaticus auster;
colla toris exstant, armis palearia pendent,
cornua parva quidem, sed quae contendere possis
facta manu, puraque magis perlucida gemma.
nullae in fronte minae, nec formidabile lumen:
pacem vultus habet. miratur Agenore nata,
quod tam formosus, quod proelia nulla minetur;
sed quamvis mitem metuit contingere primo,
mox adit et flores ad candida porrigit ora.

---

12 **scēptrum, -ī n.**: das Szepter — **gravitās, -ātis f.** (*gravis*): Ernst, Würde — **rēctor, -ōris m.** (*regere*): Lenker, Führer — **dexter, dextra, dextrum** (*manus*): rechts (befindlich); **dextra** (*manus*): die Rechte — **trisulcus, -a, -um**: dreizackig — **nūtus, -ūs m.**: Winken, Nicken — **concutere**: erschüttern

15 **induī** (mediale Bedeutung) **alqd**: sich etwas anlegen, anziehen — **taurus, -ī m.**: Stier — **iuvencus, -ī m.** (→ V 8) — **mūgīre**: brüllen, „muhen“ — **fōrmōsus, -a, -um** (*fōrma*): schön, wohlgestaltet — **ob-ambulāre** ~ *ambulāre* — **quippe** (Adv.) hier: denn, ja; Ⓚ erg. <*eī*> *color est* — **vestīgium, -ī n.**: Spur, Tritt

18 **calcāre** (mit den Füßen) treten, anspornen — **aquāticus, -a, -um**: wasserreich, feucht — **auster, austrī m.**: Südwind (vgl. Australien) — **torus, -ī m.**: Polster, Wulst, Muskel — **exstāre alqā rē**: hier: vor etwas strotzen — **armus, -ī m.**: Schulterblatt — **palear, -āris n.**: Wamme, Bauch — Ⓚ <*ea*> *quae contendere possīs facta* <*esse*> *manū*: verschränkt. Rel.-Satz — **contendere** hier: sich behaupten

21 **perlūcidus, -a, -um**: durchsichtig, durchschimmernd — **minae, -ārum f.** (*minārī*): Drohungen — **lūmen, -inis n.** hier: Auge — **formīdābilis, -e**: furchterregend — **nāta** (*Agēnore*): Tochter (des Agenor, des Phönikerkönigs)

24 **quamvīs** (h. bei Adj. verkürzter Konzessivsatz): wenn auch — **mītis, -e**: mild, zahm — **candidus, -a, -um**: weiß, glänzend

Fragen zur Vertiefung

1. Inwiefern wird in der sentenzenhaften Wendung *non bene conveniunt...* die bereits erkannte Spannung der Geschichte pointiert zum Ausdruck gebracht? Wie kommt dieser Widerspruch in der Stilebene, Wahl und Stellung der Wörter zum Ausdruck?
2. Was deutet darauf hin, dass Jupiter sein Wesen auch in der Gestalt des Stieres beibehält? Wie lässt sich dieses kennzeichnen? Inwiefern bekommt die Erzählung hier einen parodistischen Zug?
3. Wie steht das Mädchen diesem Ereignis gegenüber? Welche Ausdrücke lassen auf ihre innere Einstellung schließen?

Pierre-Yves Trémois.
Der schöne Stier. Paris 1974

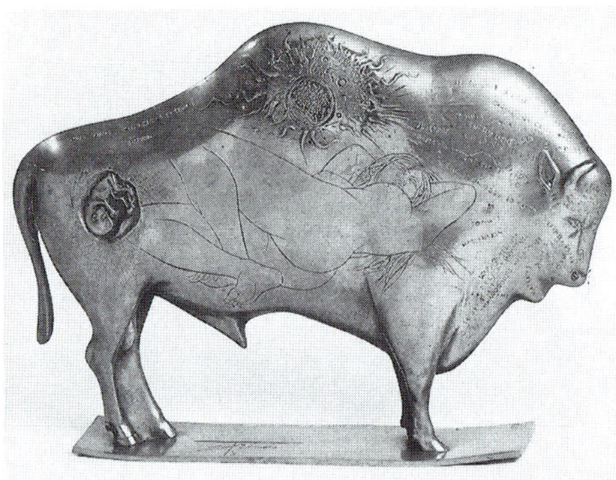

Die Begegnung

Gaudet amans et, dum veniat sperata voluptas,
oscula dat manibus. vix iam, vix cetera differt;
et nunc adludit viridique exsultat in herba,
nunc latus in fulvis niveum deponit harenis
paulatimque metu dempto modo pectora praebet
virginea palpanda manu, modo cornua sertis
inpedienda novis; ausa est quoque regia virgo
nescia, quem premeret, tergo considere tauri,
cum deus a terra siccoque a litore sensim
falsa pedum primis vestigia ponit in undis;

---

27 **ōsculum, -ī n.** (*ōs*): „Mündchen", Kuss — **adlūdere** (*allūdere*) hier: sich spielend heranbewegen — **exsultāre** (*saltāre*): herumspringen — **viridis, -e**: grün

30 **fulvus, -a, -um**: rotgelb, bräunlich — **harēna, -ae f.**: Sand — **paulātim** (Adv.): allmählich — **dēmere** (*dēmpsī, dēmptum*): wegnehmen, fallen lassen — **modo . . . modo**: bald . . . bald — Ⓚ *praebere alqd ad* (m. Gdv.): etwas anbieten zum — **virgineus, -a, -um** (*virgō*): Mädchen, mädchenhaft — **palpāre**: streicheln, tätscheln — **serta, -ōrum n.** (*serere*): Blumenkranz, Girlande

33 **inpedīre**: belasten; hier: umflechten — Ⓚ *<in> tergō* — **cum** (inversum): als plötzlich — **siccus, -a, -um**: trocken — **sēnsim** (Adv.): allmählich

36 Ⓚ *falsa <vestīgia pōnere>*: prädikativ („in trügerischer Absicht", täuschenderweise) — **vestīgia pōnere in**: die Schritte setzen in

Fragen zur Vertiefung

1. Was leitet Ovid mit den beiden Wörtern *Gaudet amans* ein? Inwiefern öffnet er dem Leser den Blick hinter die Fassade? Welche sprachlichen und stilistischen Mittel zeigen an, dass der Dichter eine erotische Atmosphäre gestalten will?
2. Worauf deuten die Wörter *nescia — falsa* hin? Wie schätzt die Königstochter selbst die Lage ein? Wie kommen ihr diese Vorgänge vor?

Die wohl älteste Abbildung von „Europa auf dem Stier". Verzierung auf einem kretischen Helm, um 650 v. Chr. ▶

Rotfigurige Vase. 3. Jh. v. Chr.

Die Entführung

Inde abit ulterius mediique per aequora ponti
fert praedam. Pavet haec litusque ablata relictum
39 respicit et dextra cornum tenet, altera dorso
inposita est; tremulae sinuantur flamine vestes.

---

ulterius (Adv.; *ultrā*): weiter (nach draußen) — **aequor, -ōris n.** (*aequus*): Fläche — **pontus, -ī m.** (gr.): das Meer — **pavēre**: Angst haben, fürchten

39 Ⓚ **dextrā** <*manū*> — **altera** <*manus*> — **dorsum, -ī n.**: Rücken — **tremulus, -a, -um**: zitternd — **sinuārī**: sich bauschen — **flāmen, -inis n.**: das Wehen — **vestēs** ~ *vestis*: Kleidung, Gewand

Fragen zur Vertiefung

1. Mit welchem Satz und mit welchem Wort wird schließlich die wahre Absicht des Stieres enthüllt? Wie ist dieses durch die Stellung im Vers herausgehoben?
2. Wie reagiert das Mädchen, als sie ihre Entführung bemerkt?

3. Inwiefern trifft es nicht zu, dass, wie Christa Wolf behauptet, die Geschichte Europas mit der Vergewaltigung einer Frau begonnen hat? Wie könnte man das Verhältnis zwischen Europa und dem Stier bezeichnen? Ziehen Sie dazu auch das Gemälde aus Herculaneum heran.
4. Wie beurteilen Sie Dagmar Nicks Gedicht (s. S. 17), wenn Sie die Darstellung Ovids damit vergleichen?

Valentin Serow. Raub der Europa. 1910. Moskau, Privatbesitz

Europa an den Stier geschmiegt. Wandgemälde aus Herculaneum. 1. Jh. n. Chr.

2. Die Europa-Geschichte als Comic

Die nachfolgende bildhafte Darstellung der Europa-Geschichte Ovids wurde von einem Schüler (Georg Lechner, Wilhelmsgymnasium München, 1989) gestaltet. Ordnen Sie den einzelnen Bildszenen die entsprechende Partie des Textes zu. Versuchen Sie selbst einzelne Szenen des Ovid-Textes in ein Bild umzusetzen.

Schülerzeichnung, 11. Jgst.

3. Exkurs in die Rezeptionsgeschichte:

Europa und der Stier — auf dem Weg zum politischen Symbol des Kontinents

Europam tertiam orbis partem ab Europa, Agenoris filia, certum est appellari.

Aus diesem Satz des Sextus Pompeius Festus (2. Jh. n. Chr.) wird deutlich: In der Antike glaubte man fest daran, dass der Erdteil *Europa* nach der phönikischen Königstochter benannt worden ist. Diese Verwandtschaft geriet aber allmählich in Vergessenheit. Das *Europa* (als Erdteil) und die *Europa* (als die von Zeus Geliebte) waren zwei verschiedene Dinge, das eine ein geografischer Begriff, der immer häufiger benutzt wurde, das andere eine mythische Figur, die zusammen mit dem Stier nur mehr eine dekorative Funktion auf Vasen und auf Zimmerwänden hatte.
Am Ende der Antike verfiel der *Europa*-Mythos dem allgemeinen Prozess der Verwilderung, der die griechischen Mythen in Vergessenheit geraten ließ.
Nach der Völkerwanderung tauchte das mythische Paar Jupiter und *Europa* wieder in verschiedener Form auf und gewann im Laufe des Mittelalters weitere Verbreitung. Man illustrierte die schönsten Geschichten der „Metamorphosen", auch die *Europa*-Episode.

3.1 Epische Erzählung im Bild

Die Episoden der „Metamorphosen" wurden auf Holzschnitten illustriert; dabei wurden möglichst viele Ereignisse in einem Bild vereinigt. Man verband die Szenen einer Geschichte zu einer Erzählabfolge in einem einzigen Holzschnitt, wie hier die *Europa*-Geschichte.

Venezianischer Holzschnitt 1509

1. Auf diesem Bild sind Stationen aus der *Europa*-Geschichte abgebildet. Welche erkennen Sie? Geben Sie dafür einige Stellen aus dem lateinischen Text an.
2. Inwiefern hat diese bildhafte Nachgestaltung der Geschichte noch keine außerliterarische Funktion?

3.2 Allegorische Deutung des Mythos

Ovids „Metamorphosen" wurden im Mittelalter zur moralischen Belehrung gelesen. Der *Ovidius moralizatus* des Petrus Berchorius (1342) gab z. B. der *Europa*-Geschichte eine christlich-religiöse Deutung. An Jupiter und *Europa* stellt sich der Weg der Seele zurück zu ihrem Ursprung dar: „Diese Jungfrau Europa versinnbildlichte die Seele ... Jupiter ist der Sohn Gottes, der sich, um die Seele zu retten, in einen Stier verwandelt, was bedeutet, dass er körperliche Gestalt annahm."

Holzschnitt-Illustration. 15. Jh.

1. Welche innere Anlage im antiken Mythos mag den Anstoß zu einer solchen Deutung gegeben haben?
2. Was versteht man demnach unter einer allegorischen Verwendung des Mythos?

3.3 Der Kontinent Europa als Frauengestalt

Wie das mythische Paar „Europa und der Stier" zum Zeichen für das politische *Europa* wurde, ist ungewiss. Diese Verbindung vollzog sich vielleicht über die Vorstellung vom Kontinent *Europa* als Frau. Im 14. Jh. gab es unter Kaiser Karl IV. eine Vorstellung, die die „Zusammengehörigkeit der Länder des Kontinents mit Böhmen" als dem Herz der „Frau Europa" propagiert. Diese Vorstellung ist im 16. Jh. tatsächlich in ein Frauenbild umgesetzt worden.

Eine geografische Bildkarte zeigt z. B. den Kontinent *Europa* als Königin.

1. Warum konnte man sich *Europa* als Frau vorstellen?
2. Inwiefern könnte hierzu auch von der Antike ein Anstoß ausgegangen sein?

3.4 Europa als Frauengestalt karikiert

Im 19. Jh. hat der Begründer der politischen Karikatur, der Franzose Honoré Daumier, erstmals den Kontinent als Frau karikierend ins Bild gebracht: „Europa auf der Bombe". Damit sollte die Gefährdung des als Einheit empfundenen *Europa* durch falsche Politik angezeigt werden. Hier war die Symbolisierung einer Frau als *Europa* vollzogen.

Equilibre Européen.

1. Was soll diese Frau als *Europa* hier zum Ausdruck bringen?
2. Welche Atmosphäre umgibt dieses politische Symbol von Anfang an?

3.5 „Europa und der Stier" als politisches Paar

In einer satirischen Zeitschrift „Der wahre Jakob" (1884) verkörpert das mythische Paar, nun ganz der mythischen Ebene entzogen und sozusagen vermenschlicht, das „Arme Europa". Dunkle Mächte der Revolution und der Anarchie aus dem Osten stellen für den Kontinent eine Gefahr dar.

Europa: Nachgerade wird es mir unheimlich in unserem schönen Erdtheil, — da kracht's ja an allen Ecken und Enden.
Stier (Jupiter): Nur ruhig, Kindchen, meine Freunde Windischgrätz, Dupuy und Crispi werden auch diesmal Herren der Situation bleiben und die revolutionären Elemente niederdrücken.

1. Warum konnte die antike *Europa* in Verbindung mit dem Stier zum Symbol für *Europa* schlechthin werden?
2. Welche Atmosphäre umgibt das Bild auch hier?

3.6 Die „Europa-Stier-Figur" — Gegenstück zu Amerikas „Freiheitsstatue"

Die satirische Zeitschrift „Kladderadatsch" (1927) enthält ein Plakat, das für die Kontinente *Europa* und Amerika diesseits und jenseits des Atlantik je eine Symbolfigur setzt. Dazu der Kommentar: „Europa und Amerika werden sich eines Tages über den Ozean hinweg die Hände reichen zum Austausch ihrer Waren und Kultur."

1. Was sollen die beiden Figuren jeweils symbolisieren?
2. Inwiefern hat sich Amerikas Symbol dem europäischen an Kraft und Erfolg bisher überlegen gezeigt?

3.7 Europa vom Stier bedroht

Im „Simplicissimus", einer satirischen Zeitschrift (1943), übernimmt der Stier die Rolle des Revolutionärs, der aus dem Osten *Europa* bedroht. Der feuerrote „Sowjet-Stier", abstoßend, zerzaust und mager, trägt die blutig geschundene *Europa* auf seinem Rücken, wobei er brutal ihre Schulter mit seinem Horn durchbohrt hat, über brennende Dörfer und Städte hinweg, den Krieg in den Westen bringend.

1. Inwiefern ist in dieser Verwendung des mythischen Bildes als *Europa*-Symbol die Propaganda des Nationalsozialismus zu erkennen?
2. Gegenüber dem antiken Vor-Bild hat sich hier ein entscheidender Wandel vollzogen. Welcher? Wie ist dieser zu erklären?

3.8 Das Paar balancierend auf der Mauer zwischen Ost und West

In einem Entwurf für ein Berliner Fresco (1976) von Johannes Grützke steht das mythische Paar auf der Mauer, die den Osten vom Westen trennt. Der Kontinent ist zerrissen. Der waghalsige Balance-Akt symbolisiert die *Europa*-Politik, die das „Gleichgewicht des Schreckens“ zwischen zwei politischen Systemen zu erhalten versucht.

1. Was hat diese Konstellation mit dem antiken Vorbild gemeinsam, worin unterscheidet es sich darin erheblich?
2. Inwiefern fokussiert dieses Bild das Schicksal *Europas* zur Zeit der deutschen Teilung treffend?

3.9 „Europa“ — im Zentrum der Entspannung

"Follow me, darling". Karikatur: Walter Hanel 1983

1. Welche politische Aussage kommentiert dieses *Europa*-Bild?
2. Inwiefern kommt die Pointe der Karikatur nur durch den Kontrast mit der antiken Vorlage voll zur Geltung?

3.10 „Europa" — eins mit der westlichen Weltmacht?

1. Welche Tendenz in der *Europa*-Politik deutet sich in dieser Karikatur an?
2. Worin hat die Atmosphäre dieses Bildes in der mythischen Geschichte ihr Pendant? Worin muss man aber den entscheidenden Unterschied sehen?

3.11 Europa auf wirtschaftlichem Erfolgskurs

Vornehmliches Ziel der Vereinigung *Europas* war es bald, mit den Wirtschaftsmächten USA und Japan konkurrenzfähig zu werden (z. B. im EG-Agrarmarkt). Der Erfolg sollte sich jedoch vor allem im technologischen Wettstreit einstellen.

1. Inwiefern gewinnt die sich auf den Wettstreit in den Technologien beziehende Karikatur aus der Kenntnis des antiken Mythos erst so richtig ihre Pointe? Was soll das Markenzeichen EUREKA bedeuten?
2. Mit welchen Elementen wird in diesem Bild die europäische Einheit betont?

Karikatur: Horst Haitzinger, 1986.

3.12 „Europa und der Stier“ als Einheitssymbol

Der Prozess Vereinigung des Kontinents wird ernsthaft vorangetrieben. Viele Voraussetzungen sind dafür bereits geschaffen. Das Einheitssymbol ist das mythische Paar „Europa und der Stier“. Curt Stenvert hat es 1987 geschaffen. Er hat sein Bild, das heute im Flughafen-Restaurant in Düsseldorf hängt, auch genannt: „Europa-Vision 3000 — ein Kontinent ohne nationale Grenzen“

1. Inwiefern verbinden sich in diesem Bild trefflich die drei Komponenten des *Europa*-Symbols: die mythische, geographische und politische Bedeutung?
2. Wie gelingt es dem Künstler, auf die antike Herkunft des Symbols aufmerksam zu machen?

3.13 „Europa“ als „Germania“

Die Wiedervereinigung Deutschlands gelang eher als die Einigung *Europas*; sie schien sogar den Prozess zu gefährden. Man bekam Angst vor einem „deutschen Europa“. Aus der Sicht Österreichs z. B. manifestierte sich diese Angst in folgender Vorstellung (1990):

„Ein deutsches Europa“. Wiener Kurier (1990)

1. Was ist hier — verglichen mit dem antiken Vorbild — aus dem mythischen Paar geworden?
2. Worin erkennen Sie die Spitze dieser kritischen Karikatur?

3.14 Der Europa-Stier — störrisch

Je näher man sich dem Ziel der Einheit glaubt, umso schlimmer werden für *Europa* die Gefahren. Eine liegt in der gemeinsamen Währung. Pariser und Bonner Unterstützung ist nötig, um den störrischen Stier auf Kurs zu halten.

1. Was bringt den Stier plötzlich in solche Wildheit?
2. Worin besteht hier in der Einheit von Stier und *Europa* Ähnlichkeit und Unterschied zwischen Antike und Gegenwart?

Karikatur: Horst Haitzinger (1992)

3.15 Blessuren auf dem Weg nach Europa

In der Stadt Maastricht sind 1991 die Verträge für *Europa* geschlossen worden. Sie mussten von den europäischen Staaten ratifiziert werden. Frankreich war lange dagegen; der Arc de Triomphe stellte für das mythische Paar einen schweren Engpass dar. Doch der Widerstand wurde gebrochen. Mit dem Siegeszeichen posiert *Europa* auf dem geschundenen Stier.

Karikatur: Klaus Sturrmann (1992)

1. Welches Verhältnis herrscht hier zwischen dem Stier und dem Mädchen?
2. Inwiefern lässt erst der Vergleich mit der antiken Geschichte Ovids die Absicht des Karikaturisten richtig zur Geltung kommen?

3.16 „Europa durchs Etappenziel"

Als der Weg nach Maastricht frei war, registrierte man das Erreichte mit Genugtuung und Siegerfreude. *Europa* trägt den Stier durchs Ziel.

Europa durchs Etappenziel. H. Haitzinger (1993)

1. Was soll in dieser Umkehrung des Mythos zum Ausdruck gebracht werden?
2. Inwiefern ist diese Karikatur für das europäische Engagement sehr aussagekräftig?

3.17 Das mythische Paar bietet Unterschlupf für alle

Europa lockt mit ihren Reizen alle Völker; diese wollen sich den Verträgen von Maastricht anschließen: Sie drängen sich deshalb unter die EU-Decke, die auf dem Stier liegt, ja sie bilden in ihrer Gesamtheit den Leib des Stieres.

1. Woran erkennen Sie den starken Kontrast zum antiken Vorbild?
2. Welche Bedenken im Hinblick auf *Europas* Einheit will diese Karikatur veranlassen?

„Wir sind da, und weiter geht es — im Gleichschritt!"
H. Haitzinger (1994)

3.18 Empfinden — europäisch

Das antike Bild markiert eine *Europa*-Untersuchung, in der das *Europa*-Gefühl der Europäer festgestellt worden ist. Die Ergebnisse wurden 1997 vorgelegt.

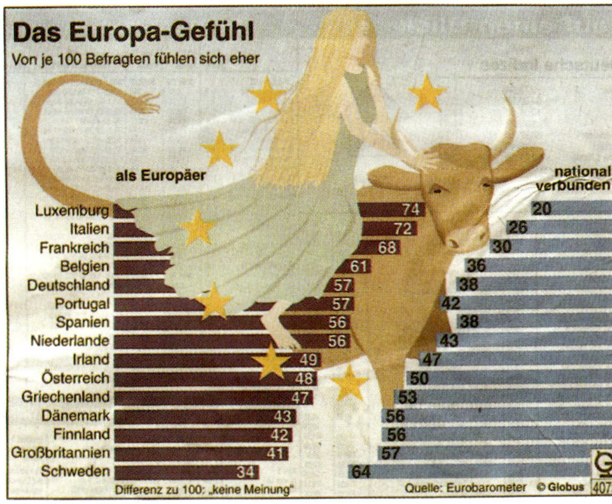

1. Welche Funktion hat hier die Abbildung des antiken Paares?
2. Welchen Aufschluss geben diese Ergebnisse hinsichtlich der Bedeutung des „Europa"-Themas im Unterricht?

3.19 Das mythische Paar noch nicht am Ende des Weges

„Das gemeinsame Haus *Europa*" steht noch nicht; es ist mitten im Bau. Diesen Prozess wird weiterhin — eine solche Folgerung lässt der Blick in die Geschichte zu — das antike Bildsymbol kritisch kommentierend begleiten, fantasievoll und je nach Situation mit bizarren Abwandlungen des Urmotivs. Das mythische Paar ist also noch nicht am Ende seines Weges (wie die unten abgedruckte Karikatur zeigt). Insofern bleibt die Antike immer eine notwendige Dienerin der Zukunft.

AUFGABENSTELLUNGEN

1. Sammeln Sie weitere *Europa*-Karikaturen und versuchen Sie diese vor ihrem antiken Hintergrund zu deuten.
2. Gestalten Sie — in der Gruppe oder auch als Klassengemeinschaft — eine Collage für Ihren Schulraum oder für eine Pin-up-Wand Ihrer Schule mit *Europa*-Bildern.

„Tragende Rolle".
Munchner Merkur 1997

Der Sturz des Ikarus

in der modernen Malerei

Marc Chagall — Pablo Picasso — Max Beckmann — Joachim Raab
Josef Šima — Bernhard Heisig

Dädalus und Ikarus

1. Der Ovid-Text (VIII 183–235)

Im Deutschen Museum in München wird der Besucher mit folgender Schrifttafel in die Halle der Flugzeuge eingeführt:

> Uralt ist der Sehnsuchtstraum des Menschen, dem Vogel gleich in die Lüfte zu steigen, losgelöst von aller Erdenschwere mit Wind und Wolken dahinzusegeln. Vielfältig sind heute die technischen Lösungen dieser Aufgabe „zu fliegen". Jahrhunderte aber hat es gedauert, bis aus den Ideen einzelner Begnadeter und den zahllosen Versuchen vieler Irrender brauchbares Fluggerät geschaffen wurde. Weniges nur ist geblieben, das geeignet erschien, der Nachwelt am Beispiel den Weg der Entwicklung zu zeigen. Noch nicht 200 Jahre ist es her, dass der erste „Aerostatische Ball" sich erhob, etwa 70 Jahre sind seit den kurzen Luftsprüngen mit motorisch angetriebenen Drachenflugzeugen vergangen. Heute jedoch ist das Luftmeer erobert; Ballone schweben mehr als 30 000 Meter über der Erde, Strahlflugzeuge jagen in großen Höhen mit mehrfacher Schallgeschwindigkeit dahin, künstliche Trabanten umkreisen die Erde. Der Flug des Menschen hat die Natur übertroffen, ist aber die Sehnsucht des Ikarus erfüllt?

Was hat der „Flug des Menschen" mit der Gestalt des Ikarus zu tun?

Was muss man unter dieser „Sehnsucht des Ikarus" verstehen?

Wofür findet sich in dieser Information über die Flugtechnik keine Andeutung?

Dädalus — der Name leitet sich von dem griechischen Wort *daidáleos* (kunstfertig) her — lebte nach der Sage als Baumeister und Erfinder in Athen. Als er im Zorn seinen Helfer und Diener Perdix tötete, musste er seine Vaterstadt verlassen und gelangte nach Kreta zu König Minos, der zwar gerne seine Dienste in Anspruch nahm, ihn aber dann gewaltsam daran hinderte, die Insel wieder zu verlassen. Daraufhin suchte Dädalus für sich und seinen Sohn einen Fluchtweg.

Antonio Canova. Dädalus und Ikarus, 1777–79. Venedig, Museo Civico Correr

Entschluss

Daedalus interea Creten longumque perosus
exsilium tactusque loci natalis amore
clausus erat pelago. „Terras licet“ inquit „et undas
obstruat, at caelum certe patet; ibimus illac!
Omnia possideat, non possidet aëra Minos.“

Crētē (gr. Akk. *Crētēn*): Kreta — **perōsus, -a, -um** (*odium, ōdisse*): hassend
3 **pelagus, -ī** (gr.) **n.**: Meer — **licet** (mit Konj.): (konzessiv) mag er auch — **obstruere**: verbauen, verschließen — **illāc** ~ *illā viā* — **possideat** (konzessiv): mag er auch besitzen — **āër** (gr. Akk. *āëra*) **m.**: Luft

FRAGEN ZUR VERTIEFUNG

1. Warum entschließt sich Dädalus zur Flucht aus Kreta?
2. Welcher Weg steht ihm dafür nur offen? Mit welchen sprachlichen Mitteln verdeutlicht der Dichter, dass der Herrscher Kretas die Flucht auf diesem Weg nicht verhindern kann?

Flügelbau

Dixit et ignotas animum dimittit in artes
naturamque novat. Nam ponit in ordine pennas,
a minima coeptas, longam breviore sequenti,
ut clivo crevisse putes: sic rustica quondam
fistula disparibus paulatim surgit avenis.
Tum lino medias et ceris alligat imas
atque ita compositas parvo curvamine flectit,
ut veras imitetur aves. Puer Icarus una
stabat et ignarus sua se tractare pericla
ore renidenti modo, quas vaga moverat aura,

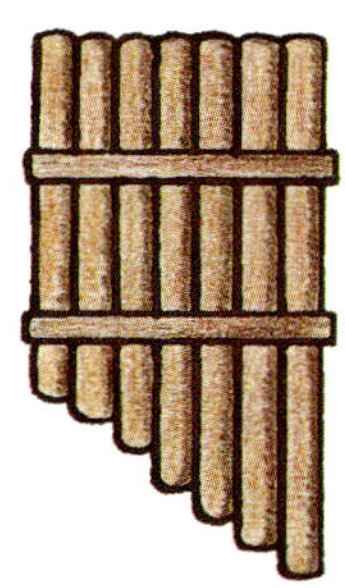

fistula rustica
(Syrinx)

---

6 **animum dimittere in aliquid**: den Sinn auf etwas richten, seine Gedanken einer Sache zuwenden — **novāre** (*novus*): erneuern, verändern, verwandeln — **penna, -ae f.**: Feder — **ā minimā**: erg. *pennā* — Ⓚ *longam* (erg. *pennam*) *breviōre* (erg. *pennā*) *sequenti*: Abl. abs.

9 **clīvus, -ī m.**: Abhang, Neigung, schräger Hang; Ⓚ *ut putēs* <*pennās in*> *clīvō crēvisse* — **rūstica fistula**: Hirtenflöte — **quondam** hier: manchmal — **surgere** hier: anwachsen — **avēna, -ae f.**: Hafer, Halm, Rohr — **linum, -ī n.**: (Leinen-)Faden, Schnur — **cēra, -ae f.**: Wachs — **alligāre**: an-, verbinden — Zu *mediās, īmās, compositās*: erg. als Objekt *pennās*

12 **curvāmen, -inis n.**: Krümmung: *curvāmine*: Abl. modi — Ⓚ *ignārus* hier m. A.c.I. — **perīcla** ~ *perīcula* (Synkope)

15 **modo — modo**: bald — bald — **renidēre**: glänzen, strahlen — **vagus, -a, -um**: unbeständig, flüchtig — **aura, -ae f.** (gr.): Lufthauch, Luftzug

captabat plumas, flavam modo pollice ceram
mollibat lusuque suo mirabile patris
18 impediebat opus. Postquam manus ultima coeptis
imposita est, geminas opifex libravit in alas
ipse suum corpus motaque pependit in aura.

---

plūma, -ae f.: Flaum, Flaumfeder — Ⓚ *captābat plūmas, quās …* — **pollex, -icis m.**: Daumen — **mollībat** ~ *molliēbat* — **lūsus, -ūs m.** ~ *lūdus, -ī m.*

18 **coeptum, -ī n.**: das Beginnen, das Unternehmen (poet. Pl.) — **opifex, -icis m.**: Werkmeister, Schöpfer, Künstler — **lībrāre** (*lībra, -ae f.* Waage): auspendeln, ins Gleichgewicht bringen, (das Gewicht des Körpers) gleichmäßig verteilen auf — **āla, -ae f.**: Flügel — **mōtā … in aurā** (→ V. 15) in der (mit den Flügeln bewegten/geschlagenen) Luft

Fragen zur Vertiefung

1. Wessen Können möchte Dädalus nachahmen, um für sich und seinen Sohn die Flucht zu ermöglichen?
2. Was meint hier Ovid mit *ignotae artes* (V. 6) und *naturam novare* (V. 7), wenn er damit das Tun des Dädalus kennzeichnet? Welcher Eindruck wird dadurch gerade beim antiken Leser (vgl. *rebus novis studere*) erweckt?
3. Wie verhält sich der junge Ikarus bei der Arbeit des Vaters? Was ahnt er dabei nicht?
4. Aus welchen Begriffen geht hervor, dass sich Dädalus' „Kunst" von Anfang an gegensätzlich (ambivalent) bewerten lässt?

Dädalus legt Ikarus die Flügel an.
Limeskastell Echzell in Hessen.
2. Jh. n. Chr.

Fluggebot und Abflug

21 Instruit et natum „medio"que „ut limite curras,
Icare", ait, „moneo, ne, si demissior ibis,
unda gravet pennas, si celsior, ignis adurat.
24 Inter utrumque vola! Nec te spectare Booten
aut Helicen iubeo strictumque Orionis ensem.

21–23 Ⓚ *ut … currās, moneō, nē … gravet … adūrat* finaler Objektsatz — finaler Adverbialsatz: „dass …" (bzw. Infin.) „damit nicht …" (Satzanalyse → S. 87) — **limes, -itis m.**: hier: Weg, Bahn — **dēmissus, -a, -um**: niedrig, tief: Gegensatz: **celsus, -a, -um**: hoch — **gravāre**: von *gravis, -e*

24 **Boōtes** (gr. Akk. *-en*): der „Ochsentreiber" — **Hélicē** (gr. Akk. *-en*): der „Große Bär" — **Orīon, -onis m.**: Orion (Bootes, Helice und Orion sind drei Sternbilder) — **ēnsis, -is** (dicht.) **m.**: Schwert

Die Mahnung des Dädalus. Mauerrelief in Freiberg (Sachsen), 1500.

Me duce carpe viam! Pariter praecepta volandi
27 tradit et ignotas umeris accommodat alas.
Inter opus monitusque genae maduere seniles,
et patriae tremuere manus. Dedit oscula nato
30 non iterum repetenda suo pennisque levatus
ante volat comitique timet, velut ales, ab alto
quae teneram prolem produxit in aëra nido.
33 Hortaturque sequi damnosasque erudit artes
et movet ipse suas et nati respicit alas.

---

viam carpere: einen Weg nehmen

27 **umerus, -ī m.**: Schulter — **accomodāre** (*commodus*): anpassen — **gena, -ae f.**: Wange, Augenhöhle — **madēscere** (*maduī*): feucht werden — **senīlis, -e**: Adj. zu *senex* — **patrius, -a, -um**: Adj. zu *pater* — **ōsculum, -ī n.**: Kuss

30 **<ōscula>** ... **nōn iterum repetenda** (Gerundiv): (Küsse) ... nicht zur Wiederholung, ... die sich nicht wiederholen sollten — **pennīs levātus**: von den Federn (Flügeln) (in die Luft) gehoben — 31/32 Ⓚ *āles, quae ab altō nīdō teneram prōlem prodūxit* — **āles, -itis f.**: geflügelt, Subst.: der Vogel — **prōlēs, -is f.**: Sprössling, Nachkomme, Brut — **nīdus, -ī m.**: Nest

33 **erudit** ~ *docet*

Fragen zur Vertiefung

1. Welche Ausdrücke (vor allem Prädikate) verdeutlichen, dass der Vater dem Sohn strikt einzuhaltende Flugregeln gibt?
2. Welche Beweggründe lässt der Dichter dafür beim Vater Dädalus erkennen? Und wie äußern sich diese in seinem Verhalten?
3. Welches Licht fällt auch hier auf des Meisters ‚Kunst'?

Ausbruch

Schülerzeichnung

Hos aliquis, tremula dum captat harundine pisces,
aut pastor baculo stivave innixus arator
vidit et obstipuit, quique aethera carpere possent,
credidit esse deos. Et iam Iunonia laeva
parte Samos — fuerant Delosque Parosque relictae —
dextra Lebinthos erat fecundaque melle Calymne,
cum puer audaci coepit gaudere volatu
deseruitque ducem caelique cupidine tractus
altius egit iter. Rapidi vicinia solis
mollit odoratas, pennarum vincula, ceras.

35–38 Ⓚ *Hōs aliquis, dum …, aut pastor … -ve … arātor vīdit et obstipuit <et eōs>, quī … possent, crēdidit esse deōs*

35 **tremulus, -a, -um**: zitternd — **harundō, -inis f.**: Schilfrohr, Angelrute — **baculum, -ī n.**: Stab, Stock — **stīva, -ae f.**: Halterung des Pflugs — **innīxus** (mit Abl.): gestützt auf — **aut … -ve**: oder … oder auch — **arātor, -ōris m.**: Pflüger – **obstipēscere** (*obstipuī*): in Staunen geraten — **aethera** (gr. Akk.) **carpere**: den Weg durch die Luft nehmen

38/39 **Iūnōnius, -a, -um**: der Göttin Juno zugehörig — **laevus, -a, -um**: links, auf der linken Seite gelegen — Ⓚ *Iūnōnia Samos* (gr. Nom.) *erat <in> laevā parte* — **fēcundus, -a, -um** (mit Abl.): (ertrag-)reich an — **volātus, -ūs m.**: Subst. zu *volāre*

42 **cupīdō, -inis** (*cupere*) **f.**: Begierde, Verlangen — **iter agere**: seinen Weg nehmen — **rapidus, -a, -um** (*rapere*): reißend; hier: glühend, sengend — **vīcīnia, -ae f.**: Nachbarschaft — **odōrātus, -a, -um** (*odōr*): duftend

Fragen zur Vertiefung

1. Von wo aus werden die beiden „Flieger" betrachtet? Womit ließe sich dieser abrupte Perspektivenwechsel vergleichen?
2. Welche Menschen schauen zu Dädalus und Ikarus auf? Wie reagieren sie?
3. Welche Funktion hat *cum* (V. 41) und welche Aktion des Ikarus ist in dem von *cum* eingeleiteten Satz erfasst? Wie wird dieses Verhalten des jungen Mannes begründet?

Karte: Griechenland — Welchen Weg haben die Fliegenden genommen?

Absturz und Fluch

45 Tabuerant cerae: nudos quatit ille lacertos
remigioque carens non ullas percipit auras;
oraque caerulea patrium clamantia nomen
48 excipiuntur aqua, quae nomen traxit ab illo.
At pater infelix nec iam pater „Icare“, dixit,
„Icare“, dixit, „ubi es? Qua te regione requiram?“
51 „Icare“ dicebat; pennas aspexit in undis
devovitque suas artes corpusque sepulcro
condidit. Et tellus a nomine dicta sepulti.

---

45 **tābēscere** (*tabuī*): schmelzen, zergehen — **cēra, -ae f.**: (→ V. 11) — **quatere**: schütteln, schwingen — **lacertus, -ī m.**: (Ober-)Arm — **rēmigium, -ī n.**: Ruderwerk, Ruder; hier: Flügel — **percipere**: erfassen; hier: treffen, bewegen — **aura, -ae f.**: (→ V. 20)

47/48 Ⓚ *ōra patrium nōmen clamantia excipiuntur caeruleā aquā* — **ōra** (poet. Pl.): Gesicht, Antlitz — **caeruleus, -a, -um** (*caelum*): blau, blaugrün — **nōmen trahere ab**: den Namen erhalten von

51 **dēvovēre**: verfluchen — **tellūs, -ūris** (dicht.) **f.**: Erde, Land

Fragen zur Vertiefung

1. Welche unmittelbaren Folgen hat Ikarus' Aktion? Wozu kommt es? Wie ist dieses „Ergebnis“ sprachlich ausgedrückt und warum so?
2. Mit welchen Wörtern und stilistischen Mitteln verdeutlicht der Dichter die Betroffenheit des Vaters eindrucksvoll?
3. Welches Urteil fällt Dädalus am Ende selbst über seine ‚Kunst‘?

Wandgemälde im Haus des Sacerdos Amandus. Pompeji. 1. Jh. n. Chr. Durch eine große Lücke im Mittelfeld ist die Figur des Dädalus fast völlig zerstört worden (nur die beiden Flügelspitzen sind noch sichtbar). Das tragische Geschehen wird in den einzelnen Phasen auf verschiedenen Ebenen erzählt. Der dramatischste Augenblick ist jedoch jener, da Ikarus, der sich zu sehr der Sonne genähert hat, abstürzt, einen Arm bereits vom Flügel gelöst. Von zwei Barken aus verfolgen die Ruderer das Geschehen. Zwei Frauengestalten heben erschreckt die Arme, um auf den Stürzenden hinzuweisen. Nach der Erfüllung des tragischen Schicksals des Jünglings sieht man am Rande des Ufers seinen entseelten Körper ruhen, über den sich mitleidig ein Wanderer beugt.

2. Aufgaben zur Gesamtinterpretation

1. Welchen Aufbau und welche Gestaltung zeigt die Geschichte bei Ovid im Gegensatz zum Bericht im Mythos-Lexikon des Hygin?

XXXIX

Daedalus Eupalami filius, qui fabricam a Minerva dicitur accepisse, Perdicem sororis suae filium propter artificii invidiam, quod is primum serram invenerat, summo tecto deiecit. Ob id scelus in exilium ab Athenis Cretam ad regem Minoem abiit.

XL

Pasiphae Solis filia uxor Minois sacra deae Veneris per aliquot annos non fecerat. Ob id Venus amorem infandum illi obiecit, ut taurum, quem ipsa amabat, alia amaret. In hoc Daedalus exsul cum venisset, petiit ab eo auxilium. Is ei vaccam ligneam fecit et verae vaccae corium induxit, in qua illa cum tauro concubuit; ex quo compressu Minotaurum peperit capite bubulo parte inferiore humana. Tunc Daedalus Minotauro labyrinthum inextricabili exitu fecit, in quo est conclusus. Minos re cognita Daedalum in custodiam coniecit, at Pasiphae eum vinculis liberavit; itaque Daedalus pennas sibi et Icaro filio suo fecit et accommodavit, et inde avolarunt. Icarus altius volans, a sole cera calefacta, decidit in mare, quod ex eo Icarium pelagus est appellatum. Daedalus pervolavit ad regem Cocalum in insulam Siciliam. Alii dicunt: Theseus cum Minotaurum occidit, Daedalum Athenas in patriam suam reduxit.

„Dädalus, der Sohn des Eupalamus, der von Athene die Handwerkskunst erhalten haben soll, stürzte den Perdix, den Sohn seiner Schwester, aus Neid auf seine Kunstfertigkeit, weil er zuerst die Säge erfunden hatte, vom Giebel des Daches hinab. Wegen dieses Verbrechens musste er aus Athen nach Kreta zum König Minos in die Verbannung gehen.“

„Pasiphaë, Tochter des Helios und Gemahlin des Minos, hatte die Opfer für die Göttin Aphrodite (Venus) mehrere Jahre nicht dargebracht. Deswegen gab ihr Aphrodite ein abscheuliches Liebesverlangen ein, nämlich dass den Stier, den sie selbst liebte, auch noch eine andere (nämlich Pasiphaë) liebte. Zu diesem Zweck erbat diese, als Dädalus in die Verbannung gekommen war, von ihm Hilfe. Der baute ihr eine Kuh aus Holz und hüllte sie in die Haut einer echten Kuh, in der sich jene mit dem Stier verband. Aus dieser Verbindung gebar sie den Minotaurus, eine Gestalt mit einem Stierkopf und mit dem unteren Teil eines Menschen. Dann erbaute Dädalus für den Minotaurus das Labyrinth mit einem unauffindbaren Ausgang, in welches er eingesperrt wurde. Als Minos von der Sache erfuhr, warf er Dädalus ins Gefängnis; doch Pasiphaë befreite ihn aus der Gefangenschaft. Deshalb machte er für sich und seinen Sohn Flügel aus Federn und legte sie sich und ihm an; daraufhin flogen sie fort. Ikarus, der zu hoch flog, stürzte, da das Wachs von der Sonne weich wurde, in das Meer, das nach ihm das Ikarische Meer genannt wurde. Dädalus flog weiter zu König Kokalus auf die Insel Sizilien. Andere berichten: Als Theseus den Minotaurus getötet hatte, nahm er Dädalus mit sich in seine Heimat zurück.“

Carlo Saraceni. Begräbnis des Ikarus, 1607. Neapel, Galleria Nazionale di Capodimonte

2. Welche Darstellungslinie lässt sich bei Hygin feststellen? Warum kann man im Unterschied dazu bei Ovid von einer dramatischen Gestaltung sprechen? Ein Drama (etwa eine Tragödie) weist folgende Teile auf:

   — Exposition
   — Erregendes Moment (mit Schürzung des tragischen Knotens)
   — Entwicklung des Konflikts (bei steigender Handlung)
   — Peripetie (Wende des Geschehens durch Fehlverhalten des Menschen)
   — Katastrophe
   — Epilog

   Versuchen Sie, diese Teile des Dramas an den markanten Stellen des Ovid-Textes aufzufinden.

3. Inwiefern kann man also bei Ovid von einer tragischen Entwicklung der Geschichte sprechen? Wem soll man dafür die Schuld zuweisen? In welchem Konflikt steht Ikarus?

4. Welche Aussagen im griechischen Paralleltext in der „Bibliotheca Apollodori“ (1. Jh. n. Chr.) deuten in ähnlicher Weise auf die in Ikarus widerstrebenden Kräfte hin?

Ὅτι Μίνως, ⟨αἰσθόμενος τοῦ φεύγειν τοὺς μετὰ Θησέως⟩ Δαίδαλον ⟨αἴτιον⟩ ἐν τῷ λαβυρίνθῳ μετὰ τοῦ παιδὸς Ἰκάρου καθεῖρξεν, ὃς ἐγεγέννητο αὐτῷ ἐκ δούλης Μίνωος Ναυκράτης. Ὁ δὲ πτερὰ κατασκευάσας ἑαυτῷ καὶ τῷ παιδὶ ἀναπτάντι ἐνετείλατο μήτε εἰς ὕψος πέτεσθαι, μὴ τακείσης τῆς κόλλης ὑπὸ τοῦ ἡλίου αἱ πτέρυγες λυθῶσι, μήτε ἐγγὺς θαλάσσης, ἵνα μὴ τὰ πτερὰ ὑπὸ τῆς νοτίδος λυθῇ. Ἴκαρος δὲ ἀμελήσας τῶν τοῦ πατρὸς ἐντολῶν ψυχαγωγούμενος ἀεὶ μετέωρος ἐφέρετο. Τακείσης δὲ τῆς κόλλης πεσὼν εἰς τὴν ἀπ᾽ ἐκείνου κληθεῖσαν Ἰκαρίαν θάλασσαν ἀπέθανε.

„Minos hatte Dädalus zusammen mit seinem Sohn im Labyrinth eingesperrt; der aber fertigte Flügel an für sich und seinen Sohn. Er gab diesem beim Abflug die Ermahnung, er solle weder in die Höhe fliegen, damit der Leim nicht unter der Stärke der Sonnenhitze schmelze und die Flügel sich nicht auflösten, noch solle er nahe an das Meer fliegen, damit sich die Flügel nicht durch Nässe lösten. Ikarus aber missachtete die Mahnungen des Vaters und ließ sich, von einem inneren freudigen Drang geleitet, immer höher tragen. Als der Leim schmolz, stürzte er in das nach ihm benannte Ikarische Meer und starb.“

5. In den nebenstehend und nachfolgend abgebildeten Gemälden von Henri Matisse „Icare“ (1947) und Ernst Fuchs „Ikarus“ (1978) ist die eine der beiden Seelen, die in Ikarus kämpfen, zur Anschauung gebracht. Welche Wendung aus dem lateinischen Text passt dazu? Sie hat auch im griechischen Text eine deutliche Entsprechung.

Henri Matisse.
Icare. 1947

Ernst Fuchs. Ikarus. 1978

6. Wie muss man Handeln und Leiden des Dädalus vor dem Hintergrund seiner Lebensgeschichte beurteilen?
7. Der vorherrschende Begriff im Ovid-Text ist *artes*. An welchen Stellen begegnet er? Inwiefern liegen an diesen Stellen die Höhepunkte der Erzählung? Welche Bewertung erfährt jeweils das damit bezeichnete Vermögen?
8. Inwiefern wird in dieser Episode bei Ovid die grundsätzliche Problematik der technischen Leistung sichtbar?

3. Exkurs in die Rezeptionsgeschichte: Ikarus „Fürst der abendländischen Mythologie“

3.1 Ikarus — Chiffre der Zeitdeutung im Mittelalter

Pietre Bruegel d. Ä. Landschaft mit dem Sturz des Ikarus. Um 1550.

1. Welche Szenen des Ovid-Textes sind auf dem Bild (und dem Teilausschnitt) festgehalten? Worin ist ein auffallender Unterschied zum Ovid-Text zu erkennen?
2. Auf welche Einschätzung der Flugleistung durch den Maler Bruegel (1525—1564) lässt dieser krasse Unterschied schließen?
2. Bruegel hatte, bevor er das Bild malte, in Italien die begeisterte Aufbruchstimmung des Menschen kennengelernt, wie sie während der Renaissance entstanden war. Von Pico della Mirandola (1463—1494) gibt es den Ausspruch: „du kannst zum Tier entarten, aber du kannst dich auch aus dem freien Willen deines Geistes zum gottähnlichen Wesen wiedergebären.“ Inwiefern ist Bruegels Bild eine Reaktion auf diese optimistische Auffassung vom Menschen?

3.2 Ikarus —
Zeichen für Leistung und Risiko der Flugtechnik

Hans Erni. Otto Lilienthal im Vogelgewand des Ikarus. 1941

1. Was stellt das Bild dar? Worin liegt das Gemeinsame zum Ovid-Text, worin das Unterschiedliche?
2. Welche Botschaft will der Maler vermitteln?

3.3 Ikarus —
Sigel für das Scheitern in der Weltraumeroberung?

1. Inwiefern ist hier auf die technische Leistung des Raumfluges angespielt? Was bedeutet das Loch im Firmament?
2. Welche Formulierungen des Ovid-Textes passen zu diesem Bildgestus?

Franz Radziwill. Der Sturz des Ikarus. 1960

3.4 Ikarus — Astronaut mit politischem Schicksal

Samuel Bak kann als „Ikarus“ aus dem Ghetto im litauischen Wilna fliehen, muss aber seinen Vater zurücklassen, der dort stirbt.

a) Inwiefern ist die Tragik der ovidischen Episode hier umgekehrt?

b) Was möchte der Maler damit zum Ausdruck bringen? Wie wird Kulturleistung auf dem Gebiet der Technik beurteilt?

Samuel Bak. 1972

3.5 Ikarus — zur Weltraumkapsel verwandelt

Wolfgang Mattheuer. Sturz des Ikarus II. 1978

1. In welches Verhältnis sind hier Mensch und Technik gebracht?
2. Inwiefern ist hier das ovidische *naturam novare* im Extrem vollzogen?

3.6 Ikarus — „Star" einer Sky-Art-Opera

Der Amerikaner Paul Earl hat 1983 in München auf einer Freiluft-Bühne die „Tragödie" von Dädalus und Ikarus uraufgeführt.
Auf der Bühne agieren die Sänger, während durch aufgeblasene Plastikfiguren das Besungene und das Geschehende auf, außerhalb und oberhalb der Bühne simultan in überdimensionaler Form präsentiert werden.
Dädalus erscheint am Anfang als der geniale, selbstgefällige Künstler.

Er singt: „Ich, Dädalus, ich mache das Unmögliche möglich!" — „Nichts ist unmöglich für den Menschen." — „Ich beuge das Schicksal im Dienste der guten Sache." „Ich bin Erfinder, Wundermacher." — „Eine Erfindung: Flügel für den Menschen!" Die Erfindung des Vaters macht den Sohn zum Flieger. Dädalus bleibt auf der Erde. Pasiphaë, die Frau des Minos, vor Ikarus' Abflug: „Ikarus, geliebter Narr. Du wirst ein Gott sein, Bote unserer Sehnsucht!" Ikarus erhebt sich in die Luft, er ruft, während seine ihn darstellende Plastikfigur in die Höhe schwebt: „Fliege ich! Jetzt tanzt ein Gott durch mich!" Der junge Mann schwebt dem Gebot des Vaters zuwider „aufwärts — weiter und weiter". — „Die Gefahr nahe. Die Luft dünn und klar und der Geist voller fröhlicher Bosheit." Ikarus fliegt direkt in die Strahlen der Sonne hinein und stürzt ab. Der vom Leid getroffene Vater kehrt auf die Bühne zurück, den toten Sohn in den Armen tragend; er beginnt und beendet seine Klage: „Du, Ikarus, du Sohn!" (und sonst nichts mehr). Mit dem „Ich" des Meisters, des Technikers zu Beginn — eine wirkungsvolle Dramaturgie — korrespondiert das „Du" des Vaters am Ende.

1. Wie schätzt Dädalus am Anfang seine Fähigkeiten ein? Und wie verhält sich Ikarus bei der ihm gegebenen Chance?
2. Wie empfindet der Vater am Ende seine Leistung? Welche Worte drücken seine Empfindung aus?
3. Worin lassen sich deutlich Parallelen zur antiken Textvorlage herstellen?

3.7 Ikarus — Satirischer Kommentar zu einer Technik-Katastrophe

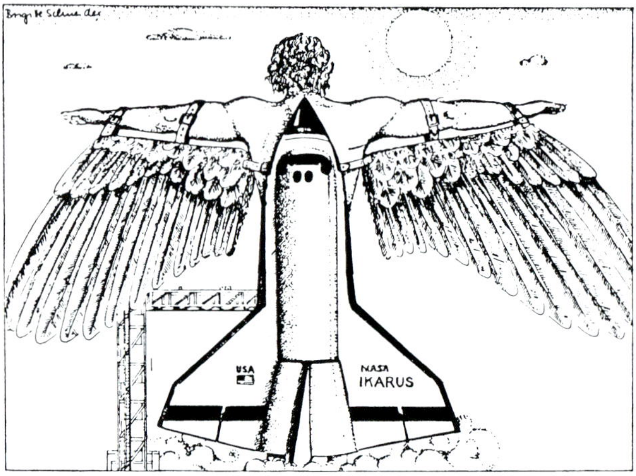

Brigitte Schneider.
Nasa-Ikarus.
Süddeutsche Zeitung.
1986

Die Challenger-Katastrophe 1986, bei der ein mit sieben Menschen bemanntes Raumfahrzeug sekundenschnell kurz nach dem Start explodierte, hat die Karikaturistin Brigitte Schneider ins Bild gebracht.

1. Welcher für den antiken Ikarus kennzeichnende Zug beherrscht diese Karikatur (lat. Ausdruck!)?
2. Wodurch bekommt das Bild seine satirische Note?

3.8 Ikarus — Symbol für den Sturz des Menschen

1. Welchen Punkt des tragischen Geschehens hält das Bild fest? Welcher Satz aus Ovids Text lässt sich dafür anführen?
2. Inwiefern kann diese „Stürzende Figur“ für den Menschen schlechthin stehen?

Allan Jones.
Stürzende Figur 1965,
Köln, Museum Ludwig

3.9 Ikarus — Symbol für die Entmenschung der Schöpfung

Armstrong. Ikarus. 1982

1. Was ist hier aus Ikarus geworden? Welche Eindrücke erinnern an die antike Tragödie?
2. Welche Wörter und Wendungen des Ovid-Textes lassen sich mit der Aussage dieses Bildes verbinden?
3. Was möchte der Maler Armstrong dem Betrachter des Bildes durch das Stichwort „Ikarus“ unter diesem Bild mitteilen?
4. Inwiefern passt die letzte Strophe aus Jörg Zinks Schöpfungsbericht „Die letzten sieben Tage“ zur Aussage dieses Gemäldes?

„Am siebten Tag war Ruhe. Die Erde war wüst und leer, und es war finster über den Rissen und Spalten, die in der trockenen Erdrinde aufgesprungen waren. Und der Geist des Menschen irrlichterte als Totengespenst über dem Chaos. Tief unten, in der Hölle, aber erzählte man sich die spannende Geschichte von dem Menschen, der seine Zukunft in die Hand nahm, und das Gelachter dröhnte hinauf bis zu den Chören der Engel.“

3.10 Fragen zum Gesamteindruck der Bilder

Ikarus

1. Woran wollen die Künstler mit der Chiffre oder dem Symbol „Ikarus“ appellieren?
2. Inwiefern tritt uns darin letztlich also nicht Technikfeindlichkeit entgegen?

4. Ikarus — Symbol einer überwundenen Zeit?

4.1 Der polnische Ikarus

Karikatur in der FAZ vom 19. 12. 81

4.2 Der preußische Ikarus

(von Wolf Biermann)

1. Da wo die Friedrichstraße sacht
Den Schritt über das Wasser macht
da hängt über der Spree
Die Weidendammerbrücke. Schön
Kannst du da Preußens Adler sehn
wenn ich am Geländer steh

dann steht da der preußische Ikarus
mit grauen Flügeln aus Eisenguss
dem tun seine Arme so weh
er fliegt nicht weg — er stürzt nicht ab
macht keinen Wind — und macht nicht schlapp
am Geländer über der Spree

2. Der Stacheldraht wächst langsam ein
Tief in die Haut, in Brust und Bein
ins Hirn, in graue Zelln
Umgürtet mit dem Drahtverband
Ist unser Land ein Inselland
umbrandet von bleiernen Welln

da steht der preußische Ikarus
mit grauen Flügeln aus Eisenguss
dem tun seine Arme so weh
er fliegt nicht weg — und stürzt nicht ab
macht keinen Wind — und macht nicht schlapp
am Geländer über der Spree

Die 1894/97 errichtete Weidendammer Brücke in Berlin. Eine Brückenkonstruktion auf zwei Strompfeilern, Geländern und vier Laternenmasten aus reichem Kunstschmiedehandwerk mit ornamentalen und pflanzlichen Motiven, in der Mitte des Geländers beidseitig ein plastisch ausgearbeiteter Adler.

3. Und wenn du wegwillst, musst du gehn
Ich hab schon viele abhaun sehn
aus unserm halben Land
Ich halt mich fest hier, bis mich kalt
Dieser verhasste Vogel krallt
und zerrt mich übern Rand

dann bin ich der preußische Ikarus
mit grauen Flügeln aus Eisenguss
dann tun mir die Arme so weh
dann flieg ich hoch — dann stürz ich ab
mach bisschen Wind — dann mach ich schlapp
am Geländer über der Spree

Fragen zur Vertiefung

1. Welche Idee symbolisiert Ikarus in den beiden Dokumenten einer vergangenen Zeit? Inwiefern liegt auch diese Möglichkeit im Mythos angelegt?
2. Worin unterscheiden sich die Aussagen der Karikatur und des Gedichts grundlegend?
3. Gibt es heute noch Schicksalssituationen, in denen Ikarus eine ähnliche Symbolkraft erhalten könnte? Begründen Sie Ihre Antwort.

Orpheus

Collage von Helga Ruppert-Tribian. 1988

PINDAR — HÖLDERLIN — IV. PYTHISCHE ODE

Von Apollon aber, der Lauten-
spieler, der Gesänge Vater
kam der wohlgepriesene Orpheus.

Orpheus und Eurydike

1. Der Ovid-Text

(X 1–63, 72–77)

Orpheus und Eurydike mit Hermes. Röm. Kopie eines attischen Reliefs. Neapel 5. Jh. v. Chr.

Gerhard Marcks. Orpheus, Eurydike, Hermes. Holzschnitt 1948

Beide Darstellungen zeigen, wie Orpheus und Eurydike von Hermes aus der Unterwelt geleitet werden. Die eine Darstellung ist vor Ovid, die andere nach Ovid gestaltet worden. Welche entscheidende Szene des Mythos ist in beiden festgehalten? Wie wird im lateinischen Text diese Szene dargestellt?

Hymenaeus, der Gott der Hochzeitsfeier, hatte an der Vermählung des Iphis und der Ianthe in Kreta teilgenommen; diese Hochzeit schien zunächst unmöglich, da Iphis als Mädchen geboren und dies dem Vater verheimlicht worden war. Erst die Hilfe der Göttin Isis, die Iphis in einen Mann verwandelte, ermöglichte ein glückliches Ende. Von Kreta eilt Hymenaeus zu einer weiteren Hochzeit nach Thrakien.

Abruptes Ende der Feier

Inde per immensum croceo velatus amictu
aethera digreditur Ciconumque Hymenaeus ad oras
tendit et Orphea nequiquam voce vocatur.
Affuit ille quidem, sed nec sollemnia verba
nec laetos vultus nec felix attulit omen.

---

croceus, -a, -um (dicht.): safrangelb — **vēlāre**: verhüllen — **amictus, -ūs m.**: Mantel — **aethēr, -eris** (gr. Akk. *-era*) **n.**: Himmelsraum, Luft(raum) — **dīgredī** (*gradī*): weggehen; ® *inde . . . digreditur* — **Cīconēs**: die Kikoner (ein Volk in Thrakien)

3 **tendere** (~ *contendere*; Simplex pro composito): streben, eilen — **Orphēus, -a, -um** (Adjektiv): des Orpheus (sagenhafter Sänger und Dichter aus Thrakien, Sohn des Zeus und der Muse Kalliope) — **nēquīquam**: vergeblich; hier: ohne glücklichen Ausgang — **sollemnia verba**: feierliche Gesänge

Orpheus und Eurydike. Venezianischer Holzschnitt 1497. Hier sind die Vorgänge bis zum abrupten Ende der Hochzeit in einem Bild zusammengefasst. Welche Szenen erkennen Sie darauf?

Fax quoque, quam tenuit, lacrimoso stridula fumo
usque fuit nullosque invenit motibus ignes.
Exitus auspicio gravior. Nam nupta per herbas
dum nova naiadum turba comitata vagatur,
occidit in talum serpentis dente recepto.

---

6 **fax, facis f.**: Fackel; hier: Hochzeitsfackel (bei deren Schein die Vermählten in ihre Wohnung geleitet werden) — **lacrimōsus, -a, -um**: tränenreich; hier: beißend (weil der Rauch zu Tränen reizt) — **strīdulus**: zischend, knisternd — **usque**: in einem fort, immer — **mōtibus** (Abl. instr. mit konzessivem Sinn): trotz der Bewegung, trotz des Schwingens — **auspicium, -ī n.** (*avis; cōn-spicere*): Vorzeichen

8/9 Ⓚ *dum nova nupta … turbā comitāta vagātur* — **nupta nova**: die Neuvermählte — **comitātus**: hier passivisch — **naïades** (gr.): Nymphen, Wassernymphen — **vagārī** (*vagus*): umherstreifen, laufen — **tālus, -ī m.**: Knöchel — Ⓚ *dente serpentis in tālum receptō* (Abl. abs.): nachdem der Zahn einer Schlange in ihren Knöchel gedrungen war

Fragen zur Vertiefung

1. Von welcher Atmosphäre ist dieses Hochzeitsfest bestimmt? Inwiefern wird diese durch den Wechsel in der metrischen Gestaltung des Hexameters verstärkt?
2. Was deutet auf den schlechten Ausgang des Ereignisses hin? Wie sind diese Anzeichen sprachlich gestaltet? In welcher Abfolge erscheinen die Vorgänge bis zum Ende?
3. Inwiefern kommt dem Eindruck des Wortes *nequiquam* sprachlich und inhaltlich der Hauptakzent dieses Textabschnittes zu?

Oskar Kokoschka. Die Macht der Musik. 1918

Abstieg in die Unterwelt

Quam satis ad superas postquam Rhodopeïus auras
deflevit vates, ne non temptaret et umbras,
ad Styga Taenaria est ausus descendere porta
perque leves populos simulacraque functa sepulcro
Persephonen adiit inamoenaque regna tenentem
umbrarum dominum, pulsisque ad carmina nervis
sic ait: . . .

11–16 Ⓚ *Quam . . . postquam . . . deflevit . . ., ne non temptāret . . ., ausus est dēscendere . . . -que adiit . . . Persephonen . . . -que . . . dominum* (Satzanalyse → S. 87).

11 **Rhodopēïus vates**: der Sänger vom Rhodopegebirge (das in Thrakien, der Heimat des Orpheus, liegt) — **aura**: Luft; *ad superās aurās* ~ *ad superōs; superī*: die (oberen) Götter

12 **nē nōn temptaret**: um nicht unversucht zu lassen — **Taenariā portā**: durch die Pforte zur Unterwelt (die man sich beim Vorgebirge Taenarum in Lakonien dachte) — **Styx** (gr. Akk. *Styga*): Name des Unterweltflusses — **levēs populī**: die leichten, körperlosen Scharen der Toten — **simulācra fūncta sepulcrō**: eigtl. Schattenbilder, die die Bestattung hinter sich gebracht haben, die Schatten der Toten

15 **Persephonē** (gr. Akk. *-en*): Name der Unterweltsherrscherin — **dominus**: Pluto, Unterweltsherrscher — **nervōs pellere**: die Saiten schlagen

Tiere lauschen dem Gesang und Leierspiel des Orpheus. Syrisches Mosaik, 3. Jh. v. Chr.

Fragen zur Vertiefung

1. Was drängt Orpheus nach Eurydikes Tod Ungewöhnliches zu wagen? Welche Ausdrücke weisen auf das Außergewöhnliche dieses Tuns hin?
2. Wie ist das Schattenreich charakterisiert? Worauf gründet sich Orpheus' Zuversicht, „in der lichtlosen Dumpfheit der Totenwelt" (Egon Römisch) Erfolg zu haben?

Nicolas Poussin. Orpheus im Hades. Federzeichnung. The Royal Collection, London.

Orpheus' Plädoyer für Eurydike

. . . „O positi sub terra numina mundi,
18 in quem reccidimus, quicquid mortale creamur,
si licet et falsi positis ambagibus oris
vera loqui sinitis, non huc, ut opaca viderem
21 Tartara, descendi, nec uti villosa colubris
terna Medusaei vincirem guttura monstri:

---

positus ~ *situs* — **mundī sub terrā positī**: im Dt. ein Wort!

18 **reccidimus** ~ *recidimus* (*c* verdoppelt im Präsens aus metrischen Gründen) — **quicquid mortāle creāmur** ~ *omnēs, quī mortālēs creāmur* — **ambāgēs, -um f.**: Umschweife; Ⓚ *positīs ambāgibus* (Abl. abs. „ohne Umschweife") *falsī ōris* — **falsus, -a, -um**: täuschend — **opācus, -a, -um**: schattig, finster

21 **Tartara, -ōrum n.** ~ *Tartarus, -ī m.*: die Unterwelt (und zwar der Bereich, in dem sich die verdammten Frevler aufhalten) — **villōsus, -a, -um**: zottig – **colubra, -ae f.**: Schlange — **colubrīs villōsus**: schlangenumringelt — **terna** ~ *tria* — **Medūsaeus, -a, -um**: Adj. zu Medusa gehörig; hier: von Medusa stammend — **guttur, -uris n.**: Gurgel, Kehle, Hals — Ⓚ *Medūsaeī monstrī* (des von M. stammenden Ungeheuers ~ des Cerberus) *terna guttura colubrīs villōsa*

Causa viae est coniunx, in quam calcata venenum
vipera diffudit crescentesque abstulit annos.
Posse pati volui nec me temptasse negabo:
Vicit Amor. Supera deus hic bene notus in ora est.
An sit et hic, dubito. Sed et hic tamen auguror esse,
famaque si veteris non est mentita rapinae,
vos quoque iunxit amor. Per ego haec loca plena timoris,
per chaos hoc ingens vastique silentia regni,
Eurydices, oro, properata retexite fata!
Omnia debentur vobis paulumque morati
serius aut citius sedem properamus ad unam.
Tendimus huc omnes, haec est domus ultima, vosque
humani generis longissima regna tenetis.
Haec quoque, cum iustos matura peregerit annos,
iuris erit vestri: pro munere poscimus usum.
Quod si fata negant veniam pro coniuge, certum est
nolle redire mihi: leto gaudete duorum!“

23/24 Ⓚ *in quam vīpera calcāta venēnum diffūdit* — **calcāre**: mit dem Fuß treten — **crescentēs annōs auferre**: die blühenden Jahre rauben — **superā in ōrā**: auf der Oberwelt

27 **et** ~ *etiam* — **augurārī**: weissagen, ahnen — **esse**: erg. *eum nōtum* — **rapīna, -ae f.**: Raub (Anspielung auf den Raub der Proserpina/Persephone durch Pluto) — **per haec loca**: bei diesem Ort (als Schwurformel verwendet)

30 **per chaos** (gr.): bei diesem Chaos (grenzenloser Raum als Welt der Finsternis) — **retexere**: zurückweben, rückgängig machen — **properāta fāta**: das übereilte, verfrühte Todesschicksal — **dēberī**: geschuldet werden, verfallen sein — **morātī** (erg. *apud superōs*: auf der Oberwelt)

33 **tendere** (→ V. 3)

36 **haec** ~ Eurydike — **iūstus, -a, -um**: gehörig, gebührend — **iūris vestrī erit**: Gen. poss.: sie wird eurem Rechtsbereich zufallen — **ūsus, -ūs m.**: Nutznießung, leihweise Verwendung; hier: Leihgabe — **quod si**: wenn nun, wenn aber — **venia, -ae f.**: Nachsicht, Erlaubnis — **certum est mihi**: es ist mein fester Entschluss — **lētum, -ī n.**: Tod

Gerhard Marcks. Orpheus 1959.
Gerhard-Marcks-Stiftung, Bremen

Fragen zur Vertiefung

1. „Orpheus argumentiert hier im Gesang.“ (Egon Römisch) Belegen Sie diese Aussage, indem Sie den Satzbau (formal) und die Gedankenentwicklung (inhaltlich) beobachten.
2. Inwiefern tritt hier der Sänger wie ein Rechtsanwalt auf (Ovid sollte übrigens nach dem Willen seines Vaters Recht studieren)?
3. Wogegen lehnt sich Orpheus auf? Zwischen welchen Mächten tritt hier ein offener Konflikt zutage? Führen Sie dafür einschlägige Stellen an.
4. Auf welche existenzielle Problematik macht der Text hier eindringlich aufmerksam? Wie beurteilen Sie Orpheus’ Position und Forderung?

Die Reaktion der Unterweltsbewohner

Talia dicentem nervosque ad verba moventem
exsangues flebant animae; nec Tantalus undam
42 captavit refugam, stupuitque Ixionis orbis,
nec carpsere iecur volucres, urnisque vacarunt
Belides, inque tuo sedisti, Sisyphe, saxo.

---

dīcere hier: singen, vorbringen — **nervus, -ī m.**: Saite — **exsanguis, -e**: blutleer, entseelt, bleich — **flēre** ~ *deflēre* — **Tantalus, -ī m.**: muss wegen einer Freveltat gegen die olympischen Götter büßen, indem er im Wasser stehend Durst leidet und unter einem Baum mit Äpfeln hungert

42 **refugus, -a, -um**: zurückweichend — **stupēre**: stocken, stillstehen — **orbis, -is m.**: Kreis, Rad — **Ixīon, -ōnis** (gr.) **m.**: muss wegen seines Frevels an Juno büßen, indem er an ein ewig sich drehendes Rad geschmiedet ist. — **iecur, -oris** (erg. *Tityī*) **n.**: die Leber (des Tityos); T. muss wegen seines Frevels gegen Latona büßen, indem ihm zwei Geier seine ständig nachwachsende Leber wegfressen — **volucrēs**: Vögel, Geier — **urna, -ae f.**: Krug, Topf — **urnīs vacārunt** (~ *vacāvērunt*): sie waren frei von den Krügen, sie stellten die Krüge nieder — **Bēlides, -um** (gr.) ~ *Danaides:* die Töchter des Danaus (~ Enkelinnen des Belus) müssen für die Ermordung ihrer Männer büßen, indem sie Wasser in durchlöcherte Krüge zu schöpfen haben. — **Sīsyphus, -ī m.**: muss für seine Raubtaten büßen, indem er einen Felsblock bergauf wälzt, der immer wieder herabrollt.

Büßer in der Unterwelt: Sisyphus, Ixion und Tantalus. Marmor-Sarkophag von der Via Appia. Rom, Vatikanische Museen

45 Tunc primum lacrimis victarum carmine fama est
Eumenidum maduisse genas, nec regia coniunx
sustinet oranti nec, qui regit ima, negare:
48 Eurydicenque vocant. Umbras erat illa recentes
inter et incessit passu de vulnere tardo.

---

45 Ⓚ . . . *genās Eumenidum carmine victārum lacrimīs maduisse* (AcI) — **madēscere**: nass werden, sich befeuchten — **Eumenides, -um** (gr.): Rachegöttinnen, Erinnyen – **gena, -ae f.**: Wange, Augenhöhle — **sustinēre**: aushalten, über sich bringen — **īma regere**: den untersten Bereich/das Reich der Tiefe regieren

48 Ⓚ *illa inter recentēs umbrās erat* — **passū tardō**: mit langsamem Schritt — **dē vulnere**: kausal

FRAGEN ZUR VERTIEFUNG

1. Was soll es bedeuten, wenn die Unterweltbüßer einen Augenblick in ihrer unendlichen Mühsal innehalten?
2. Was will der Dichter andeuten, wenn er für die Reaktion der Herrscher im Hades das Prädikat *non sustinet* wählt?
3. In welcher Verfassung erscheint Eurydike? Welcher Ausgang des Geschehens kann hier schon vermutet werden?

Walter Gilles.
Orpheus schaut sich um.
1949, Berlin, Nationalgalerie

Das Versagen des Orpheus

Hanc simul et legem Rhodopeïus accipit Orpheus,
51 ne flectat retro sua lumina, donec Avernas
exierit valles: aut inrita dona futura.

(Satzanalyse: 50—52 → S. 87) **lēx, lēgis f.** hier: Bedingung — **Rhodopēïus** (→ V. 11)

51 **nē** . . .: Inhalt der Bedingung — **lūmina retrō flectere**: die Augen rückwärts wenden, umschauen — **Avernus, -a, -um**: avernisch, unterweltlich (weil man die Unterwelt vom Averner See aus, der bei Cumae in Kampanien lag, zugänglich glaubte) — **exīre**: verlassen — **aut**: sonst — **inritus, -a, -um**: ungültig, umsonst, vergeblich — Ⓚ *futūra* (erg. *esse*): indir. Rede

Carpitur acclivis per muta silentia trames,
54 arduus, obscurus, caligine densus opaca.
Nec procul afuerunt telluris margine summae:
hic, ne deficeret, metuens avidusque videndi,
57 flexit amans oculos, et protinus illa relapsa est.
Bracchiaque intendens prendique et prendere certans
nil nisi cedentes infelix arripit auras.

Baldassare Peruzzi. Ein Scherge der Unterwelt reißt Eurydike gewaltsam zurück.
Fresko um 1510. Villa Farnese, Rom

60 Iamque iterum moriens non est de coniuge quicquam
questa suo (quid enim nisi se quereretur amatam?)
supremumque ‚vale‘, quod iam vix auribus ille
63 acciperet, dixit revolutaque rursus eodem est.

---

carpere: schrittweise, vorsichtig (einen Weg, Pfad) zurücklegen — **acclīvis, -e** (*clīvus*): ansteigend — **trāmes, -itis m.**: Steig, Pfad

54 **calīgō, -inis f.**: Finsternis, Dunkelheit — **dēnsus, -a, -um** hier: dicht erfüllt — **opācus, -a, -um**: dunkel, finster – Zu lesen: *āfŭĕrunt* — **tellūs, -ūris f.** (dicht.): Erde — **margō, -inis m. u. f.**: Rand — Ⓚ *hic . . . flexit oculōs metuēns, nē <illa> dēficeret, et avidus vidēndī <illam>* . . . **dēficere**: ermatten, aufgeben

57 **protinus**: sogleich, auf der Stelle — **relābī**: zurückgleiten, zurücksinken — **prendere** ~ *(com)prehendere*: erfassen, ergreifen — **certāre**: wetteifern, sich bemühen — **arripere**: an sich reißen, erfassen — **aura, -ae f.**: (→ V. 11)

60 Ⓚ *quid enim querērētur nisī sē amātam esse*: Potentialis der Vergangenheit „Worüber hätte sie denn klagen können als darüber, dass . . .?“ Ⓚ *quod . . . acciperet*: Konj. Relativsatz mit konsekutivem Sinn

63 **revolvī**: zurückgewälzt werden, zurücksinken — **eōdem**: ebendorthin

Fragen zur Vertiefung

1. Welches Gebot wird dem Orpheus von Pluto gegeben? Mit welchen sprachlichen Mitteln (Satzbau, Redeweise) wird dieses zum Ausdruck gebracht?
2. Wie motiviert Ovid das Umschauen des Orpheus? Was lässt sich in der Reihe der Begründungen feststellen? Welche Gefühle zeigt dabei der Sänger?
3. Mit welchen sprachlichen und metrischen Mitteln verdeutlicht Ovid Eurydikes aussichtsloses Bemühen?

Orpheus' Trauer

Orantem frustraque iterum transire volentem
portitor arcuerat: septem tamen ille diebus
squalidus in ripa Cereris sine munere sedit;
cura dolorque animi lacrimaeque alimenta fuere.
Esse deos Erebi crudeles questus in altam
se recipit Rhodopen pulsumque aquilonibus Haemum.

---

portitor, -ōris m.: Pförtner, Türwächter — **squālidus**: unsauber, schmutzig; hier: in Trauerkleidung — **mūnus Cereris**: Gabe der Ceres, Speise — **alimentum, -ī** (*alere*) **n.**: Nahrung — **Erebus, -ī m.**: Unterwelt, Reich der Toten — **Rhodopē** (gr. Akk. *Rhodopēn*): Rhodope-Gebirge (in Thrakien) — **aquilō, -ōnis m.**: Nordwind — **Haemus, -ī m.**: Haemus-Gebirge (in Thrakien)

Fragen zur Vertiefung

1. Welche Ausdrücke verdeutlichen die Stimmung des Orpheus?
2. Wie ist letztlich das Reich des Todes dem „Menschen" begegnet? Was bedeutet für Orpheus das weitere Leben?

Ein Totenmeer über der Hölle: Szenenbild aus dem Film „Hinter dem Horizont" (1998). Nach antikem Vorbild begibt sich ein Mann in der Unterwelt auf die Suche nach seiner Frau – Zeichen für eine auch nach dem Tod nicht endende Liebe.

2. Aufgaben zur Gesamtinterpretation

1. Stellen Sie den Aufbau der Episode anhand einer Gliederung fest. Wo liegen die Schwerpunkte der Geschichte?
2. An welchen Stellen und mit welchen Wörtern bzw. Wendungen wird im Ablauf des Geschehens auf die Erfolglosigkeit von Orpheus' Bemühungen hingewiesen? Worin erkennen Sie den Leitgedanken im Mythos von „Orpheus und Eurydike"?
3. Warum wird Orpheus die Bedingung gestellt, sich nicht umzublicken? Dass Orpheus dieses Gebot gebrochen hat, hat zu vielen sehr unterschiedlichen Begründungen Anlass gegeben, z. B.:

Begründender Künstler:	**Orpheus handle:**
Vergil (1. Jh. v. Chr.):	aus Wahnsinn
Seneca (1. Jh. n. Chr.):	aus Misstrauen
Angelo Poliziano (15. Jh. n. Chr.):	aus jubelnder Begeisterung für die Frau
Calzabigi (16. Jh. n. Chr.): (Vorlage für Glucks Oper)	wegen Provokation durch Eurydikes Liebesverlangen
Kokoschka (20. Jh. n. Chr.):	aus Eifersucht auf Hades

Wie beurteilen Sie diese Begründungen im Vergleich zu Ovids Lösung? Warum musste Orpheus diese Bedingungen geradezu mit zwanghafter Notwendigkeit brechen?

4. Wer trägt am „zweiten Tod" der Eurydike (der im nicht abgedruckten Vers 64 sogar als *gemina nex*, „der zweifache gewaltsame Tod", bezeichnet wird) die Schuld? Worin liegt der tiefere Grund, warum der Schöpfer des Mythos Orpheus diese Schuld auf sich nehmen ließ?
5. Vergleich mit späteren Gestaltungen dieses Problems:

5.1 *Theoderich von St. Trond,* ein mittelalterlicher Dichter (gest. 1107), lässt die Geschichte folgendermaßen enden:

Numine sic artis fidens industria mentis
Fortiter extorsit a Styge quod voluit.
Sic ars naturam vincit studio mediante
Virtuti dominae cedere cuncta probans.

Bauend auf die Kraft der Kunst hat sein Einsatz des Geistes
tapfer entrissen dem Styx, was er gewollt hat.
So besiegt Kunst die Natur, wenn Eifer dazukommt.
Und beweist, dass der Herrin Tugend alles hintansteht.

Welche Lösung bietet dieser Dichter? Auf welche Kräfte kann sich der Mensch nach seiner Deutung stärker verlassen?

Vorhang der Wiener Staatsoper

5.2 *Christoph Willibald Gluck* lässt in seiner (nach dem Vorbild von Raniero di Calzabigi) 1762 geschaffenen Oper „Orpheus und Eurydike“ die Geschichte so enden:

Nach dem zweiten Tod seiner Frau will sich Orpheus selbst töten, da greift Eros, der Gott der Liebe, ein (3. Aufzug, zweiter Auftritt):

Eros (entwaffnet Orpheus): Sag an, was tust du?
Orpheus: Und wer bist du, der sich so dreist vermessen,
Meine Klagen hier zu stören, die mir der Schmerz entpresst?
Eros: Banne dies wilde Rasen, sei ruhig!
Eros erkenn' in mir wieder!
Orpheus: Ha, du bist's! Wohl erkenn' ich dich.
Des Jammers Wahnsinn hielt meine Sinne umfangen.
Weshalb erschienst du zu so schrecklicher Stunde?
Was wünschest du?
Eros: Dich zu beglücken!
Geduldet hast du genug für Kupidos Ruhm,
Und dein soll Eurydike wieder sein,
Denn deine Treue hat getrotzt allen Stürmen.
(Eurydike erhebt sich, als erwachte sie aus tiefem Schlafe.)
Siehe, sie atmet, wieder gehört sie dir!
Orpheus: Was seh' ich, ihr Götter? Holde!
Eurydike: Mein Gatte!
Orpheus: Lass dich umarmen!
Eurydike: Ich drücke ans Herz dich wieder!
Orpheus (zu Eros): Ja, ewig sei dir mein Dank geweiht!

Eros: Folgt mir. Ich führ' euch, ihr zärtlich liebenden Gatten,
Verlasset den Hades, kehrt zurück auf die Erde!
Orpheus: O Tag der Wonne, du güt'ger Eros!
Eurydike: O Stunde unnennbarer Freuden!
Eros: Durch mich lohnt nun Entzücken all eure Leiden!

Welche Lösung ist hier geboten? Worin könnte diese ihren Grund haben?

5.3 In *Carl Orffs* 1930 geschaffener Oper „Orpheus" (Neugestaltung von Monteverdis „L'Orfeo") singt Orpheus im Schlusslied nach dem zweiten Verlust der Eurydike: (*ihr gebannt nachblickend*)

„O lass mich untergehn in deinem Traum, in dir!
In diesem klaglos stillen Dunkel.
Ach, Eurydike, Geliebte,
Quell aller Wonnen,
du aller Sehnsucht Qual —
Born aller Tränen,
du meiner Liebe Traum,
du meines Herzens ganze Seligkeit!
Eurydike hab' ich verloren,
ewig verloren Eurydike!"

Wie endet die Geschichte hier? Wie ließe sich diese Lösung begründen?

Vergleichen Sie die drei Lösungen mit dem antiken Original! Welche trifft nach Ihrer Meinung den Kern der Geschichte? Inwiefern?

Marc Chagall: Der Mythos des Orpheus. 1977

3. Orpheus-Rezeptionen

Bildcollage: Verfasser

In welchen Kunstformen ist der Orpheus-Mythos aufgenommen und neu verarbeitet worden?

4. Orpheus-Gedichte

1. RAINER M. RILKE — SONETTE AN ORPHEUS

Nur wer die Leier schon hob
auch unter Schatten,
darf das unendliche Lob
ahnend erstatten.

Nur wer mit Toten vom Mohn
aß, von dem ihren,
wird nicht den leisesten Ton
wieder verlieren.

Mag auch die Spieglung im Teich
oft uns verschwimmen:
Wisse das Bild.

Erst in dem Doppelbereich
werden die Stimmen
ewig und mild.

2. ROSE AUSLÄNDER — ORPHEUS UND EURYDIKE

Schwarzer Sang
schläft in deiner Leier
Orpheus
Auf dem Fensterkreuz hängt sie
von Spinnen bewacht

Rühr die Saiten
dein Lied ist ein Rabe
über Eurydikes Grab

Weiß die Gefilde unten
Gebeine bleichen und schweigen
Senk hinunter dein Lied
Orpheus
dass die Seufzer der Saiten
das Weißfeld erreichen
schieb das Echo
von Schatten zu Schatten
Hol die Leier vom Fenster
Eisblumen brennen
Pflück ein paar Blätter
starr wie Eurydikes Lippen
streu sie auf ihr Grab

Spiel ein gefrorenes Lied
einem Raben vor
der kennt den melodischen Namen
den Schlummernden wird er rufen
beschwören den Hüter
dir den Schatten zu schicken

Der Rabe krächzt
EU RY DI KE
RY DI KE

Begraben im Schnee
das Tor der Gewesenen
Greif in die Saiten
Orpheus
schieb das Echo
von Schweigen zu Schweigen

Lass schlafen die Leier
am Fenster
Orpheus
schnitz eine Gitarre
aus härterem Holz
sing einen Sang
von schärferen Tönen
für Eurydikes ohrloses Lauschen

Spiel deine Trauer
ans Herztor der Tauben
schieb das Echo
von Schatten zu Schatten
im elysischen Licht
Vielleicht
erreicht dein Lied
die Geliebte
sie wendet sich um
und folgt dir

3. HILDE DOMIN — BRIEF AUF DEN ANDEREN KONTINENT

Sieh dich nicht um
nach mir

Eurydike
immer mit dir

die Hand
deine Schulter berührend

unter den fernen Bäumen.

4. GÜNTER KUNERT – ORPHEUS I

Nicht umdrehen.
Der Sänger drehe sich besser nicht um.
Ein leichter Schritt, ein schleichendes
Schreiten, ein feines Getrappel,
pulsjagendes Stöckeln: sie
folgt mir schon, folgt meinem Lied,
folgsam Trochäen und Jamben: Schreiten
heraus aus verstorbenem Gestern wir beide:
Hinter der Kunst kommt
die Zukunft voran.

Der Sänger drehe sich besser nicht um.

5. ULLA HAHN — VERBESSERTE AUFLAGE

Nur noch wenige Schritte dann
wird sie ihm wieder gehören hören
beschwören sein Lied das ohne sie
ihm versiegt. Hals Nase Ohren
die Augen die Haare den Mund
und so weiter wie
will er sie preisen allein
zu ihrem ewigen Ruhm.
Als eine Stimme anhebt.
Orpheus hört:
die zum Lauschen Bestellte fällt
singend ihm in den Rücken.
Da
dreht er sich um und
da
gleitet aus seinen verwirrten Händen
die Leier. Die Eurydike aufhebt
und im Hinausgehen schlägt in noch
leise verhaltenen Tönen. Hals Nase Ohren
die Augen die Haare den Mund
und so weiter wie
will sie ihn preisen allein
zu seinem ewigen Ruhm.
Ob Orpheus ihr folgte
lassen die Quellen
im Trüben.

6. ODYSSEAS ELYTIS

Δώσετέ μου τὴ δύναμη
Ν' ἀφαιρέσω ἀπ' τοὺς μάντεις τὸ δεινὸ μέλλον
Καὶ σὰν ἄχρηστο σπλάχνο στὰ σκυλιὰ νὰ τὸ ρίξω.
Ἐγώ, ποὺ ἀπὸ τὸν Ἥρωα νὰ γυρίσω πίσω ἐδέησε
Καὶ νὰ κάνω δρόμο μακρύ, ἀποθαρρυμένος
Ἑωσότου τέλος, τοῦ καιούμενου ἀπὸ μόνου του
Μιὰ κραυγὴ ζωντανὴ περισώσω:
Φτάνει πιά, φτάνει πιὰ

Τρέμει τρέμει μακριά, σὲ ἀπόσταση χιλιάδων μύρων
Τὸ εἴδωλον τοῦ αἰῶνος
Μέσ' στῆς πίκρας τὸν ἄργυρο, λάμπει.
Μὴν γυρίσει κανεὶς νὰ κοιτάξει, παιδιά,
Μὴν γυρίσει κανεὶς νὰ κοιτάξει. Ὅστις γὰρ
Ἐν πολλοῖσιν ὡς ἐγὼ κακοῖς
Ἔζησε, τὸ γνωρίζει: εὐθεῖα, μπροστά, καὶ τραγουδώντας
μόνον
Ἄτεγκτοι καὶ στὴν ἔξοδο προσηλωμένοι
Θὰ τὴ φέρουμε τὴν Εὐρυδίκη πάλι
Στὸ φῶς, στὸ φῶς, στὸ φῶς.

Gebt mir die Kraft
Den Sehern die schreckliche Zukunft zu entreißen
Sie gleich Gekröse den Hunden zum Fraß vorzuwerfen.
Ich der ich von den Heroen zurückkehren
Und mutlos einen weiten Weg zurücklegen musste
Konnte doch schließlich aus dem Selbstverbrannten
Noch den lebendigen Schrei bergen:
Es reicht es reicht

In der Ferne zittert und schwankt myrrhenumwölkt
Das Abbild des Lebens
Und glitzert im Silber der Bitterkeit.
Niemand blicke sich um Kinder
Niemand blicke sich um. „Denn wer
wie ich in vielen Übeln“ gelebt
Hat begriffen: nur auf geradem Weg und singend
Unnachgiebig und stets das Ziel im Auge
Werden wir Eurydike zurückbringen
Ans Licht ans Licht ans Licht.

Epilog

(XV 871–879)

Iamque opus exegi, quod nec Iovis ira nec ignes
nec poterit ferrum nec edax abolere vetustas.
Cum volet, illa dies, quae nil nisi corporis huius
ius habet, incerti spatium mihi finiat aevi:
parte tamen meliore mei super alia perennis
astra ferar, nomenque erit indelebile nostrum,
quaque patet domitis Romana potentia terris,
ore legar populi, perque omnia saecula fama,
siquid habent veri vatum praesagia, vivam.

---

2 **exigere**: vollenden — **edāx vetustās**: das gefräßige Alter — **abolēre**: auslöschen, vernichten

3/4 **iūs corporis**: Recht über den Körper Ⓡ *finiat:* konzessiv (Zu beachten ist das *tamen* im nachfolgenden Satz.) — **aevum** ~ *vīta* — **meī**: Gen. des Pers.-Pron. (abhängig von *parte*) — **alia**: zu lesen *alja* — **perennis; -e**: immer während, auf immer

6 **astrum** (gr.): Stern — **indēlēbilis, -e** (*dēlēre*): unzerstörbar, unvergänglich — **quā**: wo — **patēre**: offen sein, sich ausdehnen — **potentia**: Macht, Herrschaft — **ōre legere**: Wie wurde also in der Antike gelesen?

9 **vātes, -is**: Sänger, Seher, Dichter — **praesāgia, -ōrum**: Prophezeiungen, Ahnungen

Fragen zur Vertiefung

1. Inwiefern glaubt der Dichter Ovid, die ihm durch die Lebenszeit gesetzte Frist überschreiten zu können?
   Was meint er mit *pars melior mei*? Welche Geltung erhofft er sich dafür?
2. In welchem geografischen Raum glaubt Ovid mit seinem Namen fortzudauern, und worauf stützt sich dieser Glaube?
3. Inwiefern ist Ovids Hoffnung auf Nachruhm durch das Fortwirken seines Werkes sogar noch übertroffen worden?
4. Vergleichen Sie das nachfolgende Gedicht des neuzeitlichen griechischen Dichters Jannis Ritsos mit dem Epilog der Metamorphosen. Ritsos hatte ein ähnliches Schicksal wie Ovid: Er war lange Zeit von der Militärjunta verbannt u. a. auf die Insel Leros, die schon unter den Römern als Verbannungsort für politische Gefangene diente. Welche Gemeinsamkeiten in den Aussagen beider über den Wert der Dichtung können Sie feststellen?

IANNIS RITSOS – HYPOTHEK

Er sagte: Ich glaube an die Dichtung, die Liebe, den Tod,
gerade deshalb glaube ich an die Unsterblichkeit. Ich schreibe einen Vers,
ich schreibe die Welt; ich existiere; die Welt existiert.
Aus der Spitze meines kleinen Fingers strömt ein Fluss.
Der Himmel ist siebenmal blau. Diese Reinheit
ist wiederum erste Wahrheit, mein letzter Wille.

III. ANHANG

1. Wortschatz-Profil

(Die nach Sachfeldern gegliederte Wiederholung ermöglicht eine flüssige Lektüre)
E = Europa-Text; I = Ikarus-Text; O = Orpheus-Text

1.1 Ortsveränderung

Verben:

I	ire (ii)	gehen
O	exire	herausgehen, verlassen
EO	adire	herangehen
E	abire	weggehen, sich entfernen
O	transire	überschreiten, hinübergehen
E	venire (vēni)	kommen
E	convenire	zusammenkommen, zusammenpassen
O	cedere (cessi)	gehen, weichen
O	incedere	dahingehen, schreiten
E	ambulare	spazierengehen
I	iter agere (egi)	den Weg nehmen
IO	viam carpere (carpsi)	den Weg nehmen, zurücklegen
E	vestigia ponere (posui)	die Schritte setzen, schreiten
O	vagari	herumgehen
O	digredi (digressus sum)	durchschreiten
O	properare	eilen
O	(con)tendere (contendi)	eilen
IO	crescere (crevi)	wachsen
I	sequi (secutus sum)	folgen
EO	comitari	Begleiter sein, begleiten
I	volare	fliegen
I	currere (cucurri)	eilen
O	descendere (descendi)	hinabsteigen
O	se recidere (recepi)	sich zurückziehen
E	delabi (delapsus sum)	herabgleiten
O	relabi	zurückgleiten
O	revolvi (revolutus sum)	zurückgleiten
O	recidere (reccidi)	zurückfallen
EO	(con)sidere (consedi)	sich setzen, sich niederlassen

Substantive:

I	comes, -itis m	Begleiter
O	passus, -us m	Schritt
E	cursus, -us m	Lauf
I	volatus, -us m	Flug, Fliegen

Adjektive:

E	celer, -is, -e	schnell
O	tardus, -a, -um	langsam

Adverbien:

O	cito (citius)	schnell

1.2 Bewegen — Festhalten

Verben:

IO	movere (movi)	bewegen
EIO	ponere (posui)	stellen
I	imponere	anlegen
E	deponere	ablegen, niederlegen
I	componere	zusammenlegen, ordnen
I	agere (egi)	führen
I	producere (produxi)	hinausführen
I	dimittere (dimisi)	entlassen
O	diffundere (diffudi)	vergießen, spritzen
O	intendere (intendi)	ausstrecken
IO	captare	fangen, fassen
O	pre(he)ndere (pre[he]ndi)	ergreifen, fassen
O	accipere (accepi)	aufnehmen, erhalten
I	excipere	aufnehmen
E	ferre (tuli, latum)	bringen, tragen
O	afferre (attuli)	herbeibringen
EO	auferre (abstuli)	wegschleppen, rauben
E	differre (distuli)	aufschieben
EO	pellere (pepuli, pulsum)	vertreiben, schlagen
E	vertere (verti)	wenden, treiben
O	iungere (iunxi)	verbinden
O	vincire (vinxi, vinctum)	fesseln
EO	tenere (tenui)	(fest)halten
O	arcere (arcui)	abwehren, abhalten
I	impedire (impediri)	hindern
I	claudere (clausi)	einschließen
I	obstruere (obstruxi)	verbauen

Substantiv:

IO	motus, -us m	Bewegung

1.3 Einwirken

Verben:

I	incipere (coepi, coeptum)	beginnen, anfangen
E	facere (feci, factum)	machen
I	trahere (traxi, tractum)	ziehen
I	tractare	behandeln, umgehen mit
I	mollire (mollivi)	weich machen
I	tangere (tetigi, tactus)	berühren
E	contingere (contigi)	berühren
E	premere (pressi)	(be)drücken
I	inniti (innixus sum)	sich stützen auf
I	quatere	schlagen
E	armare	bewaffnen
IO	flectere (flexi)	beugen, biegen, umdrehen
I	stringere (strinxi)	ziehen, rücken

E	miscere (miscui, mixtum)	(ver)mischen
E	solvere (solvi, solutum)	(auf)lösen
I	requirere (requisivi)	suchen
EI	relinquere (reliqui, relictum)	zurücklassen
I	deserere (deserui, desertum)	verlassen
O	carpere (carpsi)	pflücken, nehmen, auffressen
E	pasci (pastus sum)	weiden, abfressen
I	ad-urere (ad-ussi)	anbrennen, versengen

1.4 Meinungsäußerung

Verben:

EIO	dicere (dixi)	sagen
E	loqui (locutus sum)	reden, sprechen
EI	ait	er sagt
I	inquit	er sagt
O	negare	verweigern, leugnen, sagen, dass nicht
O	mentiri (mentitus sum)	lügen
O	vocare	rufen
I	clamare	schreien
E	contendere (contendi)	behaupten
O	orare	beten, bitten
I	putare	meinen
I	credere (credidi)	glauben
OI	instruere (instruxi)	unterweisen, belehren

Substantive:

O	verbum, -i n	Wort
E	causa, -ae f	Grund, Begründung, Fall
O	fama, -ae f	Kunde, Gerücht, Sage
O	carmen, -inis n	Gesang, Lied
O	silentium, -i n	Schweigen

1.5 Stimmungsäußerung

Verben:

EO	amare	lieben
EIO	gaudere (gavisus sum)	sich freuen
O	queri (questus sum)	sich beklagen
O	(de)flere	(be)weinen
E	ludere (lusi)	spielen
EO	metuere (metui)	fürchten
I	timere (timui)	fürchten
E	pavere (pavi)	Angst haben
I	tremere (tremui)	zittern
E	sperare	hoffen
O	(ob)stipescere (ob-stipui)	staunen, erstaunen, stehenbleiben
E	mirari	sich wundern
O	dubitare	zweifeln
I	devovere (devovi)	verfluchen
E	minari	drohen
E	ludere (lusi)	spielen

Substantive:

O	animus, -i m	Mut, Sinn, Gemüt
I	amor, -ris m	Liebe
EO	amans, -ntis	Liebender, Verliebter
I	cupido, -inis f	Leidenschaft, Begierde
E	voluptas, -atis f	Lust, Vergnügen
O	timor, -oris m	Furcht
E	metus, -us m	Furcht
O	cura, -ae f	Sorge, Kummer
O	dolor, -ris m	Schmerz
O	lacrima, -ae f	Trauer
E	minae, -arum f	Drohungen
EI	osculum, -i n	Kuss

1.6 Willensäußerung

Verben:

O	velle (volui) (volens)	wollen
O	nolle (nolui)	nicht wollen
O	poscere (poposci)	fordern
EI	iubere (iussi, iussum)	befehlen
I	monere (monui)	(er)mahnen
I	hortari	mahnen, auffordern
O	audere (ausus sum)	wagen
E	petere (petivi)	erstreben, verlangen
O	temptare	versuchen
O	certare	wetteifern, sich eifrig bemühen
O	sustinere (sustinui)	aushalten, über sich bringen
O	sinere (sivi)	(zu)lassen
O	pati (passus sum)	erdulden, zulassen
E	solere (solitus sum)	gewohnt sein, pflegen
O	deficere (defeci)	fehlen, versagen, schwach werden
O	debere (debui)	schulden

Adjektiv:

O	avidus (m. Gen.)	begierig (nach)

Substantive:

O	venia, -ae f	Nachsicht, Erlauben
I	monitus, -us m	Mahnung
I	praeceptum, -i n	Ermahnung, Regel
I	iussum, -i n	Befehl

1.7 Leisten und Können

Verben:

EO	posse (potui)	können
O	valere (valui)	stark sein, vermögen
O	creare	wählen, erzeugen
I	novare	erneuern

I	erudire (erudivi)	erziehen
I	imitari	nachahmen
EI	dare (dedi)	geben
E	praebere (praebui)	gewähren, anbieten
I	tradere (tradidi)	übergeben
E	porrigere (porrexi)	hinhalten, darreichen
O	invenire (inveni)	(er)finden
I	repetere (repetivi)	wiederholen

Substantive:

I	ars, -tis (pl. artes) f	Kunst
I	opus, -eris n	Werk
I	opifex, -icis m	Mensch, Schöpfer
I	donum, -i n	Geschenk
O	munus, -eris n	Geschenk, Gabe
I	venia, -ae f	Verzeihung, Nachsicht
E	pax, -cis f	Frieden

1.8 Wahrnehmung

EIO	videre (vidi)	sehen
IO	accipere (accepi)	vernehmen
I	spectare	schauen
EI	respicere (respexi)	zurückschauen
E	suspicere (suspexi)	aufschauen

1.9 Not, Gefahr, Krieg

Substantive:

I	periculum, -i n	Gefahr
I	exilium, -i n	Verbannung
E	proelium, -i n	Kampf
E	vulnus, -eris n	Wunde, Verwunden
E	praeda, -ae f	Beute

Adjektiv:

I	damnosus, -a, -um	gefährlich, schädlich

1.10 Sein und Haben

O	adesse (affui)	da sein, anwesend sein
O	abesse (afui)	weg sein, abwesend sein
O	vacare (m. Abl.)	frei sein (von)
I	patēre (patui)	offen sein
O	sedere (sedi)	sitzen
I	stare (steti)	stehen
EO	morari	verweilen
EI	pendēre (pependi)	hängen
I	possidēre (possedi)	besitzen
E	habere (habui)	haben
I	carere (carui)	entbehren, nicht haben

1.11 Leben und Tod

Verben:

O	peragere annos	seine Jahre verleben
O	mori (mortuus sum)	sterben
O	occidere (occidi)	niederstürzen, sterben
I	condere (condidi)	(ver)bergen, bestatten
I	sepelire (sepelivi, sepultum)	bestatten

Substantive:

O	exitus, -us m	Ende Tod
I	sepulcrum, -i n	Grab(mal)

1.12 Schicksal und Gottheit

Verben:

O	fatum, -i (pl. fata) n	Schicksal
O	omen, -inis n	Vorzeichen
O	numen, -inis n	göttlicher Wille, Gottheit
EIO	deus, -i (pl. dei) m	Gott, Gottheit

1.13 Herrschaft und Recht

O	regere (rexi)	lenken, leiten
E	rector, -oris m	Lenker, Leiter
E	rex, regis m	König
E	regius, -a, -um	königlich, des Königs
I	dux, ducis m	Führer
E	minister, -stri m	Diener
E	maiestas,-atis f	(Herrschafts-)Würde
O	ius, iuris n	Recht, Rechtsbereich
O	lex, legis f	Gesetz

1.14 Verwandtschaft und Altersstufen

E	mater, -tris f	Mutter
EI	pater, -tris m	Vater
I	patrius, -a, -um	väterlich, des Vaters
O	coniunx, coniugis f	Gemahlin, Ehefrau
EI	natus, -i m	Sohn
E	filia, -ae f	Tochter
E	nata, -ae f	Tochter
O	genus, -eris n	Geschlecht, Art
I	proles, -is f	Nachkommenschaft, Brut
I	puer, -i m	Junge, Knabe
E	virgo, -inis f	Mädchen

1.15 Natur, Landschaft, Tiere

I	natura, -ae f	Natur, Wesen
IO	mundus, -i, m	Welt, Weltall
EI	terra, -ae (pl. terrae) f	Erde, Land
EIO	tellus, -uris f	Erde
E	orbis, -is m	Erdkreis, Erde
EI	caelum, -i n	Himmel
I	sol, solis m	Sonne
EIO	ignis, -is m	Feuer
I	aether, -is n	Luft, Himmel
I	aër, -aëris n	Luft
IO	aura, -ae f	Lufthauch, Luft
IO	unda, -ae (pl. undae) f	Welle, Wasser, Meer
I	aqua, -ae f	Wasser
E	nix, nivis f	Schnee
O	ora, -ae (pl. orae) f	Küste
E	litus, -oris n	Küste
O	ripa, -ae f	Ufer
E	mons, -ntis m	Berg
O	vallis, -is f	Waldtal, Schlucht
O	umbra, -ae f	Schatten, Schattenreich
IO	locus, -i m (pl. loca n)	Ort, Platz
I	regio, -onis f	Gegend
O	saxum, -i n	Fels
E	herba, -ae f	Kraut, Gras
I	nidus, -i m	Nest
I	mel, mellis n	Honig
I	piscis, -is m	Fisch
I	avis, -is f	Vogel
E	taurus, -i m	Stier

1.16 Befindlichkeiten

Adjektive bei Sachen (Ort und Umfang):

O	superus, -a, -um	oberer, oberster
O	summus, -a, -um	oberster
IO	imus, -a, -um	unterster
O	ultimus, -a, -um	letzter
O	supremus, -a, -um	letzter
E	primus, -a, -um	erster
I	laevus, -a, -um	linker
E	sinister, -stra, -strum	linker
EI	dexter, dext(e)ra, dext(e)rum	rechter
I	medius, -a, -um	mittlerer
IO	altus, -a, -um	hoch, tief
I	celsus, -a, -um	hoch, erhaben
IO	longus, -a, -um	lang
I	brevis, -e	kurz
O	ingens, -ntis	gewaltig

O	immensus, -a, -um	unermesslich
E	magnus, -a, -um	groß
I	parvus, -a, -um	klein
I	minimus, -a, -um	ganz klein

(Art und Weise):

O	gravis, -e	schwer, bedrückend
O	arduus, -a, -um	steil
E	durus, -a, -um	hart
O	vastus, -a, -um	wüst, öde, verlassen
O	densus, -a, -um	dicht
O	obscurus, -a, -um	unbekannt
I	ignotus, -a, -um	unbekannt
I	dispar, -ris	ungleich
O	plenus, -a, -um	voll
I	vagus, -a, -um	unstet
E	purus, -a, -um	rein
EI	tener, -a, -um	zart, dünn
I	mirabilis, -e	wunderbar
O	certus, -a, -um	sicher, gewiss
I	verus, -a, -um	wahr

(Zeit):

O	vetus, -eris	alt
O	recens, -ntis	frisch, neu
E	novus, -a, -um	neu
O	futurus, -a, -um	zukünftig
O	maturus, -a, -um	reif

Adjektive bei Menschen:

O	humanus, -a, -um	menschlich
I	mitis, -e	mild, zart, zahm
E	fidus, -a, -um	treu
I	senilis, -e	alt, greisenhaft
I	audax	kühn, wagemutig
E	falsus, -a, -um	falsch
O	crudelis, -e	grausam
IO	infelix	unglücklich
EO	nudus, -a, -um	nackt
I	ignotus, -a, -um	unwissend
IE	nescius, -a, -um	nicht wissend

1.17 Umstandsangaben

Ortsangaben:

O	huc	hierher
I	illac	dort, auf jenem Weg
O	eodem	ebendorthin
E	inde	von dort weg
EO	procul	ferne
I	ante	voraus

Angabe der Art und Weise:

O	frustra	vergeblich
EO	vix	kaum
O	satis	genug
I	certe	sicherlich
E	magis	mehr
E	bene	gut

Zeitangaben:

E	primo	zuerst
O	primum	erstmals
I	tum	dann, darauf
E	mox	bald
I	interea	inzwischen
O	protinus	sogleich
I	quondam	einst(mals)
I	unā	zusammen (mit)
IO	iterum	wiederum
O	rursus	wieder
O	sero (serius)	(zu) spät
EO	iam	schon, nunmehr
I	non iam	nicht mehr

2. Syntax-Profil

(Die Wiederholung vertieft die Sprachkenntnisse und ermöglicht eine flüssige Lektüre.)

1.1 **Kasuslehre**

a) *Genitiv:*

I	cupido **caeli** (Gen. obi)	die Begierde nach dem Himmel
O	dominus **umbrarum** (Gen. obi)	Herrscher über das Schattenreich
E	minister **iussorum** (Gen. obi)	Diener der Befehle
E	aequora **ponti** (Gen. poss.)	die Fläche des Meeres
O	**iuris** erit **vestri** (Gen. poss. prädikativ)	er/sie/es wird eurem Rechtsbereich gehören
E	causa **amoris** (Gen. explic.)	der Grund, nämlich die Liebe

b) *Dativ:*

I	**comiti** timere (Dat. comm.)	um den Begleiter fürchten
E	**virginibus** comitata (Dat. auct.)	von Mädchen begleitet

c) *Ablativ:*

I	**lino** alligare (Abl. instr.)	mit einem Leinfaden anbinden
E	**ignibus** armatus (Abl. instr.)	mit Feuerblitzen bewaffnet
I	**parvo curvamine** flectere (Abl. mod.)	in einer kleinen Krümmung biegen
E	**Agenore** nata (Abl. orig.)	Tochter des Agenor
E	magis **perlucidus** gemma (Abl. comp.)	durchsichtiger als ein Edelstein

O	exitus **auspicio** gravior <erat> (Abl. comp.)	der Ausgang war schlimmer als das Vorzeichen
E	vestigia ponere **in undis** (Abl. in präpos. Verbindung)	die Schritte ins Wasser setzen

1.2 Infinitiv-Konstruktionen

a) *Objektsinfinitiv:*

E	ludere solebat	er/sie pflegte zu spielen
I	coepit gaudere	er/sie begann sich zu freuen
O	ausus est descendere	er wagte es hinunterzusteigen

b) *AcI*:

I	non te spectare Booten iubeo	ich heiße dich nicht auf den Bootes (Sternbild) zu schauen
O	non me temptasse negabo	ich werde nicht leugnen, <es> versucht zu haben
E	cornua contendere possis facta <esse> manu	die Hörner sind, so kann man behaupten, mit kunstvoller Hand gemacht
I	<Icarus> ignarus **sua se** tractare pericla ...	Ikarus nicht ahnend, dass er an seine eigene Gefahren rührt ...
O	Quid ... nisi **se** quereretur amatam <esse>?	Worüber hätte sie sich beklagen sollen, außer dass sie geliebt wurde?

c) *Zwei Infinitive einander untergeordnet:*

O	posse pati volui	ich wollte es erdulden können
O	certum est nolle redire mihi	es ist für mich entschieden, dass ich nicht zurückkehren will

d) *Oratio obliqua:*

O	(legem ... accipit ...) aut inrita dona futura <esse>	(Er erhält die Bedingung ...) oder es werde das Geschenk umsonst sein

1.3 Partizip-Konstruktionen

a) *Attributiv gebrauchtes Partizip:*

E	**sperata** *voluptas*	die erhoffte Lust
O	**crescentes** abstulit *annos*	er raubte <ihr> die wachsenden Jahre
O	dei **positi** sub terra numina *mundi*	Götter der unter der Erde gelegenen Welt
O	inamoena regna **tenentem** *dominum* adiit	er wandte sich an den das trostlose Reich beherrschenden Herrn

Substantivisch gebrauchtes Partizip:

I	coeptum, -i	das Begonnene, das Unterfangen
O	nova nupta	die Jungverheiratete
EO	amans	der Liebende, Verliebte

b) *Participium coniunctum:*

I	caeli ... cupidine **tractus** ...	von der Begierde zum Himmel gezogen
E	*haec* ... **ablata** respicit litus	sie schaut, als sie davongetragen wird, zurück auf die Küste
E	<Iupiter> **non** causam **fassus** amoris	ohne den Grund der Liebe bekannt zu haben

O <*nos*> paulum **morati** . . . sedem properа*mus* ad unam	wenn wir . . . ein wenig verweilt sind, eilen wir zu einem einzigen Wohnsitz
I *Ora* . . . nomen patris **clamantia** excipiuntur aqua	der Mund wird, während er den Namen des Vaters ruft, vom Wasser verschlungen
O <*Eum*> talia **dicentem** . . . flebant animae	während er solches sagte . . ., beweinten ihn die Seelen

c) *Ablativus absolutus:*

E sceptri **gravitate relicta**	nachdem die Würde des Szepters außer Acht gelassen worden ist
O **pulsis** ad carmina **nervis**	wobei zum Lied die Saiten <der Leier> geschlagen wurden
I longam **breviore** <penna> **sequente**	wobei auf die lange eine kürzere Feder folgte
I **me duce**	unter meiner Führung

1.4 nd-Formen

a) *Gerundium:*

I praecepta **volandi**	Vorschriften des Fliegens, Flugregeln
O avidus **videndi** <eam>	gierig <sie> zu sehen

b) *Gerundivum*

E pectora <ei> praebet **palpanda**	er bietet <ihr> die Brust zum Streicheln
O dedit <ei> oscula non iterum **repetenda**	er gab <ihm> Küsse (nicht zur Wiederholung), die sich nicht wiederholen sollten

1.5 Gliedsätze

a) *Konsekutivsatz:*

I **ut** <pennas> clivo crevisse putes	sodass man glauben könnte, sie seien einen Abhang hinaufgewachsen

b) *Finaler Objektsatz:*

I **ut** medio limite curras, moneo	dass du auf mittlerer Bahn dahinziehst, mahne ich <dich>
O **ne deficeret,** metuit	dass sie schwach würde, hatte er Angst

c) *Finaler Adverbialsatz:*

O non huc, **ut** opaca viderem Tartara, descendi	hierher bin ich nicht, um den dunklen Tartarus zu sehen, herabgestiegen
O **ne** non temptaret et umbras, ad Styga est ausus descendere	Um auch das Schattenreich nicht unversucht zu lassen, wagte er es, zum Styx hinabzusteigen

d) *Kausalsatz:*

E **quod** <taurus> proelia nulla minetur	weil <der Stier> keinen Kampf androht

e) *Kondizionalsatz:*

I **si** dimissor ibis . . .	wenn du tiefer hinabfliegst . . .
O fama **si** veteris non est mentita rapinae	wenn die Kunde vom ersten Raub nicht gelogen hat

f) *Konzessivsatz:*

I	terras licet obstruat <Minos>	mag <Minos> das Land zumauern

g) *Temporalsatz:*

I	**postquam** manus ultima imposita est	nachdem letzte Hand angelegt ist
O	**cum** <ea> iustos peregerit annos	wenn <sie> die ihr rechtmäßig zustehenden Jahre verlebt hat
c) I	**cum** puer audaci coepit gaudere volatu	als der Junge plötzlich Lust am Fliegen zu haben begann
I	**dum** captat hirundine pisces	während er mit der Angel Fische fängt
O	**donec** Avernas exierit valles	bis er das Averner-Tal verlassen hat

h) *Indirekter Fragesatz:*

O	**an** sit et hic <notus Amor>, dubito	ob <der Liebesgott> auch hier bekannt ist, bezweifle ich

1.6 Relativsätze:

a) *Relativsatz als Subjekt:*

O	nec, **qui regit ima,** negare <sustinet oranti>	auch nicht der, der die Unterwelt beherrscht, bringt es über sich, ihm die Bitte abzuschlagen

b) *Relativsatz mit Konjunktiv:*

O	supremum ‚vale', **quod** iam vix auribus ille acciper**et**, dixit	ein letztes Lebewohl sprach sie, was jener kaum mehr mit den Ohren vernehmen konnte

c) *Relativsatz verschränkt (in AcI):*

E	**Quod** ... pasci armentum regale vides, ad litora verte!	Das Vieh des Königs, das du weiden siehst, treibe zur Küste!

d) *Relativischer Satzanschluss:*

O	**quam** satis ... postquam deflevit ...	als er diese genug beweint hatte ...
O	**quod** si fata negant ...	wenn dies das Schicksal versagt ...

1.7 Verbindung mehrerer Konstruktionen

a)	O	<eum> *transire* **volentem** portitor arcuerat (Part.-Inf.)	ihn hatte, als er <ins Totenreich> hinübergehen wollte, der Pförtner abgewiesen
b)	O	bracchia **intendens** *prendique* et *prendere* **certans** (Part. — Inf. — Part.)	die Hände ausstreckend und eifrig bemüht, ergriffen zu werden und zu ergreifen
c)	O	hic *ne* deficeret **metuens** avidusque *videndi* flexit **amans** oculos (Glieds. — Part., Gd., subst. Part.)	aus Angst, sie könnte schwach werden, und begierig <sie> zu sehen blickte der Liebende um
d)	O	*Esse deos* Erebi *crudeles* **questus** ... se recepit (AcI — Part.)	nach der Klage, dass die Götter des Erebus grausam seien, zog er sich zurück

1.8 **Satzperioden**

a) I 21—23

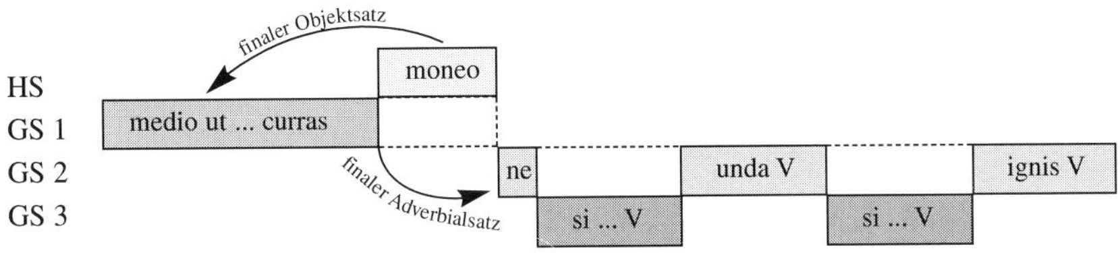

b) O 11—13

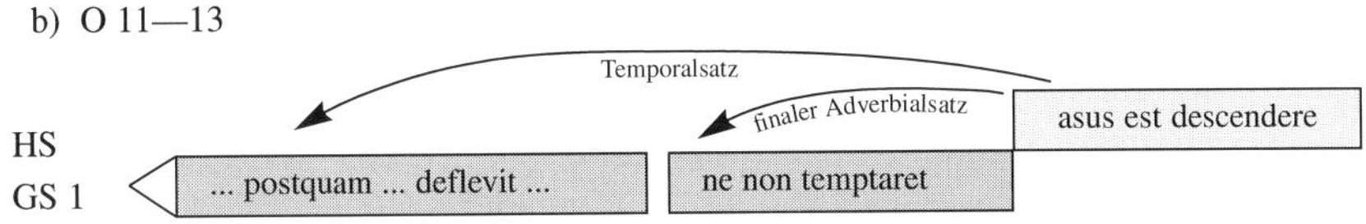

c) O 50—52

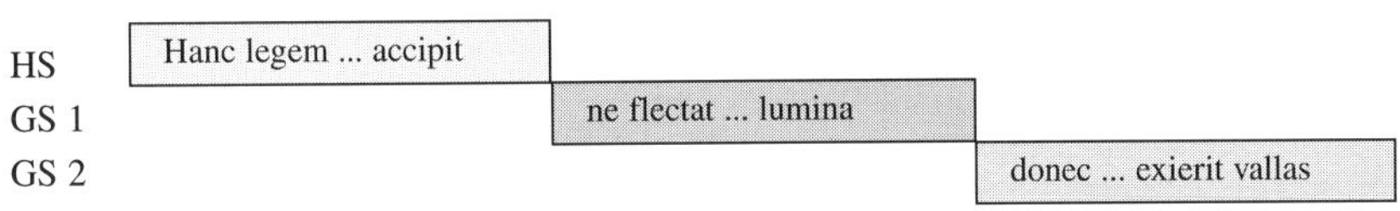

Inhaltsverzeichnis